EL PODER DE SABER QUE HACER

Adilmo Briñez S.

DEDICATORIA

Primeramente a Dios, nuestro excelso creador, y padre de nuestro amado y excelentísimo Señor Jesucristo, quien mediante su sacrificio perfecto en la cruz del calvario , nos otorgó la dicha de una salvación perfecta y maravillosa, al Espíritu Santo de Dios, quien me convenció de pecado y vive en mi corazón, me corrige y me exhorta a mantenerme firme cada día hasta el final, en los caminos de nuestro Señor Jesús Cristo, y finalmente a mi linda y amada esposa, y a todos y cada uno de mis hermosos hijos, quienes han sido el mejor regalo que Dios haya podido darme, y al mismo tiempo mostrarme su inmenso amor con ello, por lo cual le estoy inmensamente agradecido, y no ceso de darle gracias todos los días de mi vida.

ÍNDICE

INTRODUCCIÓN

A lo largo de este libro resaltó lo indispensable, lo insustituible de la capacitación como eje fundamental para alcanzar el éxito financiero, así como la importancia de replicar los logros obtenidos por otras personas haciendo lo mismo que ellos hacen, hoy en día es más posible crear riquezas que cualquier otra época de la historia de la humanidad, hacer riquezas no es únicamente un golpe de suerte, no es un privilegio sólo de aquellos que disponen grandes sumas de dinero para crearla y seguir acumulando fortuna en su patrimonio personal, crear riquezas está demostrado que es producto de un cada vez más utilizado patrón de conducta adoptado por aquellos que han descubierto como hacerlo a través de la educación financiera, de modo que es posible para todo aquel que se lo proponga conseguir llegar inclusive a superar a personeros que tienen varias generaciones en poder de grandes riquezas patrimoniales como Bill Gates y Mark Zuckerberg sólo por mencionar algunos, una mente cada vez más enriquecida con conocimiento financiero de calidad que es elemental para crear, acumular grandes fortunas.

Leyendo todo este libro tendrás una idea básica general de cómo empezar a crear tu propia riqueza, descubrirás plenamente que tú mismo eres el único creador de tu destino, nadie más, descubrirás que eres capaz de convertirte en la persona capaz de construir con la educación adecuada y sin limitaciones el futuro que deseas para ti y tu familia, el éxito, la libertad financiera no es un mito ni un cuento de caminos para llamar la atención, no, esta es posible siempre que tú te comprometas seriamente contigo mismo, a lograr primero el éxito dentro de ti por medio de la capacitación, la clave del éxito siempre ha estado en la educación, pero no cualquier educación, sino una educación para el éxito, educación financiera, dispones de la maquina más perfecta del universo para lograr todos los objetivos que te propongas alcanzar, dispones de un cerebro y una mente, la capacitación adecuada te permitirá cambiar tu antigua manera de pensar por una nueva capaz de lograr el éxito que te mereces y que hasta ahora te ha sido esquivo.

En este libro te contaré como en mi juventud en mi época de estudiante universitario comencé a trabajar sin una meta definida, pero ya con un hábito de ahorro formado, comencé a trabajar más impulsado por la necesidad de mantener a mi recién nacida hija que cualquier otra cosa, este hábito de ahorro que luego fue evolucionando mi modo de pensar poco a poco hacia una mentalidad empresarial.

Pasado un tiempo reuní una cantidad suficiente y pude comprar a crédito una camioneta pickup, con esta fui avanzando más rápidamente, hasta que luego de un buen tiempo decidí comenzar una fábrica de pásapalos y pastelitos, de la que hablo en el desarrollo de este libro, y que se llamó en sus inicios: Pastelitos Addian, era una pequeña empresa unipersonal, luego con el tiempo la llame Pasapalos Addian ca. Por cuestiones de crecimiento económico. Más tarde le cambie el nombre y la llame Alimentos Addian ca. Por las mismas razón anterior.

Hoy con 58 años y una preparación y experiencias que dan los años además de un hábito constante de lectura, ya que nunca llegue a graduarme, al contrario, abandone los estudios para comenzar a trabajar, cosa de la que no me arrepiento.

A lo largo del desarrollo de este libro iré mencionando cada uno de los errores que cometí, esto te permitirá a ti además de conocer los mismos, tener una idea clara de lo que tú no debes hacer a la hora de emprender, evitar errores y mejorar las cosas que estás haciendo bien.

Todos los libro de finanzas que conozco y audio libros que he escuchado alguna vez, te muestran como alcanzar la libertad financiera, que hacer para alcanzar la libertad financiera, son en su mayoría teoría, que por su misma condición no quiero decir que sean malos, no es eso lo que quiero decir, al contrario son muy buenos, de hecho me han ayudado mucho, tanto que me dado cuenta por medio del aprendizajes que he obtenido de los mismos, la cantidad de errores que cometí, la cantidad de caminos financieros equivocados que tome, habiendo otros más eficaces pero que yo ignoraba gracias a una falta de preparación adecuada, que de no haber sido así hubiera alcanzado la libertad financiera mucho antes y a un nivel más grande del que alcance.

En la medida que avances en la lectura de este libro te irás dando cuenta de todos y cada uno de estos errores y los evites en el negocio que decidas emprender.

Sé que todas las cosas que yo implemente para llegar donde llegue no son las únicas ni las mejores, estoy seguro que existen más y mejores estrategia que las que yo aplique para llegar donde llegue, sólo que no las conocía para ese momento, las ignoraba por eso hago énfasis cada vez que tengo ocasión en este libro para que tomes conciencia de lo importante e indispensable de una buena educación financiera.

Una buena educación financiera te permitirá escoger con mejor tino con mejor precisión de entre un abanico de opciones que tú conocerás y podrías implementar debido al entrenamiento adquirido, tendrías más posibilidades de éxito a la hora de emprender acciones en tus inversiones.

Yo perdí muchas oportunidades de oro por no tener el adecuado conocimiento, por no tener la preparación necesaria para las oportunidades que se me presentaron que fueron pocas.

En algunas páginas de este libro encontraras la alusión a los nombres de los dos últimos presidentes Venezolanos: hugo rafael chavez fría y nicolas maduro moros, como notaras sus nombres y apellidos estarán siempre en minúscula, podrás pensar que es un error gramatical de mi parte, pero no, no es así, lo hago con toda la intención del mundo, ahora te preguntaras porque lo hago?, y la respuesta es muy sencilla, soy un ferviente lector de la Biblia, leyendo la misma aprendí que cuando la misma se refiere a Dios, al creador del cielo y de la tierra, lo hace en mayúscula, sobre todo para dar honra a su nombre y diferenciarlo de otros dioses, no porque estos existieran, sino porque las creencias humanas de aquel entonces así parecían sugerirlo, y el mismo Dios al enviar mensajes a la humanidad por medio de sus profetas utiliza tanto las creencias como el lenguaje humano para darse a entender, por lo tanto cuando la Biblia hace mención a otros dioses lo hace en minúscula, primero y sobre todo para no honrar a quien no lo merece y segundo porque su existencia no es tal.

Por esta razón no encontraras honra para estos dos señores en ninguna parte de este libro, ya que al igual que los otros dioses que la Biblia menciona no la merecen, solo que a diferencia de aquellos otros dioses que menciona la Biblia solo existían en la mente de la gente, estos dos señores si existen, al menos uno de ellos porque el otro ya murió.

No es el propósito de este libro decir por qué no se les honra ya que los motivos son altamente conocidos por prácticamente toda la humanidad.

También encontraras una serie de imágenes que ilustran y puedas entender mejor el contenido de este libro así como las imágenes de unos formatos de Estados Financieros que podrás descargar en mi Web https://comosermillonariodesdecero.com/ en caso que no puedas trabajar en el formulario, debes solicitar permiso escribiendo un correo con la palabra permiso a la dirección electrónica: adilmobrineziii@gmail.com y recibirás una respuesta automática con el permiso solicitado, o en la parte superior izquierda del formulario para poder editar el mismo a través del ***Permiso para su edición*** y podrás llenar los formularios con tu información solo donde aparezca el numero: 0 y obtener los resultados de tu situación financiera, recuerda solo vaciar la información de cada uno de tus valores donde aparezca el numero: 0, de esta manera estos formatos te darán los resultados de forma automática, puedes descargar las veces que quieras si lo prefieres estos formatos solo repitiendo el proceso, de modo que no tienes que borrar nada, hay celdas que contienen las fórmulas de los formatos y al tu intentar vaciar información en los mismos te aparecerá un cuadro de dialogo diciéndote que te pongas en contacto con el administrador donde tu recibirás el permiso de manera automática para modificar dichas formulas, pero esto causara que el formato ya no de los resultados correctos en cuyo caso deberás repetir el proceso a menos que seas capaz de repararlo, te recomiendo que no te compliques y no solicites ese permiso ya que el sistema está configurado para enviar el permiso de manera automática a todo aquel que lo so licite.

1ra. Parte
Cree en ti y comienza a crear tu Fortuna

EL ÉXITO FINANCIERO ES POSIBLE SI SABES QUE HACER

Explora y toma conciencia de los verdaderos motivos que tú tienes para iniciar el camino hacia la libertad financiera, tener claridad y comprensión acerca de estos motivos te ayudaran a cultivar la actitud necesaria y correcta que cada día te impulsarán a tomar las acciones necesarias para lograr los objetivos que te has planteado.

Encuentra siempre día a día nuevas maneras de motivarte, hoy en día tienes la suerte de contar con la posibilidad de acceder a multitud de artículos, vídeos y libros inspiradores que apuntan directamente a la consecución de tu libertad financiera, también puedes recordar todas las veces que te has sentido mal por no tener dinero para cubrir las necesidades básicas de tu familia, por no haber podido ayudar a tus padres en momentos de necesidad o algún otro familiar o amigo, también toma consciencia de lo que pasara en el tiempo presente si continuas en esta situación, así como lo que vivirás en el futuro, solo tú tienes el poder de cambiar tu futuro, tú no tienes la culpa de haber nacido pobre, pero si tienes la culpa de ser pobre actualmente y de serlo en el futuro, así que toma consciencia y haz algo.

La mayor parte de la gente cree que ser rico y alcanzar la libertad financiera legalmente es un mito, una mentira, una falacia, que si alguien lo logra es por qué tiene suerte y se sacó la lotería, pego un cuadro de caballos, recibió una herencia o se casó con alguien con mucho dinero, cuando ser rico es una formula, es un proceso, la mayor parte de las veces lento dependiendo de tu habilidad para manejar el dinero, alcanzar la riqueza y la prosperidad no es un misterio es algo completamente probable.

Te digo que hay muchas maneras de alcanzar la riqueza sobre todo hoy en día que contamos con el Internet, sin el cual muchos de los ricos de hoy día no lo fueran tal como Bill Gates, el dueño Microsoft Steve Jobs el dueño de Apple (quien ya murió) Mark Zuckenver, el dueño de Facebook e Instagram entre otros.

Lo cierto es que hoy en día es mucho más fácil que en el momento que yo empecé y lo logre, era un joven de casi 25 años con unos estudios universitarios   en proceso de: *Administración y Contaduría Pública*, supe con el conocimiento que tenia de administración para el momento, empezar una empresa en un cuartucho que tuve que acondicionar dentro de la casa en la que habitaba al cuido de la misma, (ya que estaba recién separado de la que fue mi primera esposa).

Hoy contamos con el Internet, quien nos ofrece   la oportunidad de prepararnos mucho mejor debido al infinito conocimiento al que tenemos acceso con sólo un click, en internet puedes conseguir sin salir de casa toda la información que necesitas para formarte adecuadamente para el éxito que deseas alcanzar, no hay excusa para entrenarte adecuadamente, si de verdad quieres tener éxito estas en la mejor época de la historia de toda la humanidad para lograrlo, yo lo alcance en 5 años y empecé desde cero cuando vivía aún en mi casa materna y el internet no existía, tú lo puedes alcanzar en mucho menos tiempo si aprovechas esta gran oportunidad.

.

El hecho que me llevo a empezar a trabajar (no empezar Alimentos Addian C.A.) Siendo un estudiante universitario de : *Administración y Contaduría Pública*, fue el nacimiento de mi primera hija, una hermosa niña a quien su mamá le puso el nombre de Diana Carolina, en honor a una telenovela del mismo nombre que estaba muy de moda para ese tiempo, al nacer mi hija me dije a mi mismo: ya tengo 25 años, ya soy papá, ahora tengo una responsabilidad, así que estudiaré de noche y trabajare de día para mantener a mi hija, les confieso que cuando empecé a trabajar no tenía en mente para nada hacerme rico en ningún momento, sólo pensaba en ganar dinero para mantener a mi hija y mantenerme a mí mismo, así que esa es otra ventaja a considerar con la que tu cuentas, tú vas a comenzar con un propósito claro y definido.

Tú vas a comenzar de una vez sabiendo que es posible, yo comencé y no lo sabía, ni siquiera lo imaginaba, sólo pensaba en ahorrar dinero, sólo conocía que el ahorro es la base de la riqueza, los conocimientos que fui aplicando, los fui aprendiendo en la Universidad y en los periódicos, revistas y libros, pero estos no eran todos sobre economía ni administración, eran conocimientos generales, digamos que de todo un poco, me gusta estar preparado capacitado informado, al día con el acontecer diario en todo el mundo, tenía la costumbre y aún la tengo de buscar en el diccionario cualquier palabra que leyera o escuchara el cual no conociera su significado, no tenía que repetirla varias veces o escribirla para que no se me olvidara, nada de eso dentro de mi permanecía el recuerdo constante de esa palabra o palabras que no conocía, y esto no cesaba hasta que tomara un diccionario y buscara la palabra en cuestión, y conociera su significado, hoy en día ya no hago esto puesto que con solo tomar mi teléfono, y abrir en el buscador de google un diccionario consigo el significado inmediatamente sin perder tiempo, así de fácil, así mismo tu puedes capacitarte, sin salir de casa, así que adelante no desaproveches esta oportunidad de oro.

Es importante para desenvolverte en conversaciones con personas acaudaladas o que tengan un nivel económico importante, que estés bien preparado, bien capacitado, para que estés preparado a la hora de tener conversaciones de tinte económico y financiero, yo trataba de relacionarme con personas que tuvieran un buen nivel económico, tuve la suerte de pertenecer a un club de bolas criollas un deporte muy popular en mi país Venezuela, allí jugaban unas cuantas personas que eran dueños de comerciales, ferreterías, panaderías, licorerías, supermercados, fincas, granjas, personas que estaban trabajando en la política etc. Incluso había uno que tenía una flota de camiones de transporte, personas que hubieran triunfado en los negocios, personas que hubieran alcanzado cierto nivel de éxitos al menos, por eso trataba de estar al día con las noticias, para estar a la altura de las conversaciones que tenía con esas personas.

Ignoraba para ese momento muchas de las formas que existen de producir dinero con el dinero mismo, de hecho perdí muchas oportunidades de hacer buenas inversiones, me di cuenta de este hecho años después cuando adquirí cierto conocimiento de cómo administrar e invertir el dinero, que perdí grandes oportunidades, porque perdidas no son solamente lo que perdiste como tal, sino también lo que dejaste de ganar, esas también son perdidas, es más son las más grandes pérdidas que enfrentamos cada día, el dinero que dejamos de ganarnos por no saber qué hacer y cómo hacer, pero no te preocupes, como dice el dicho: nunca es tarde cuando la dicha llega y el momento llego de empezar a prepararte, por lo que te recomiendo a no dejar pasar la oportunidad de aprender a manejar el dinero, hasta lograr que el dinero se convierta en tu trabajador, es decir que el dinero trabaje para ti, en lugar de tu trabajar por él.

Nunca deje nada a la suerte, (hoy sé que no es casualidad, la suerte la crea uno mismo con lo que hace), es más la acción es el puente que existe entre tu pensamiento y el mundo material, en otras palabras la acción es lo que transforma tu pensamiento en realidad, siempre actuaba en pro de conseguir lo que me proponía, pensaba por las noches antes de irme a dormir sobre el asunto en cuestión una y otra vez, de modo que cuando amanecía ya tenía parte, o todo el asunto solucionado, soy de los que cree que la suerte la creamos nosotros mismos con lo que hacemos, soy del tipo de persona que no depende de la lluvia para poder sembrar, porque si no llueve no puedo prosperar, de modo que busco alternativas a la lluvia, como por ejemplo, lagunas y represas artificiales, pozos perforados, acueductos de agua entre otros, en otras palabras y como dice el dicho si la montaña no va a Mahoma, entonces Mahoma va la montaña, esa es una característica que tú debes desarrollar, tú tienes que crear, generar las oportunidades que te van a permitir crecer, que te van a permitir prosperar, no debes quedarte inmóvil cualquiera que sea tu situación, tienes que crear y buscar alternativas, pero para eso es imprescindible la capacitación, el entrenamiento financiero, debes convertirte en un ave de rapiña, en un depredador, en un caníbal de toda la información financiera que encuentres, debes desarrollar el habito de la lectura, para que siempre tengas hambre de leer.

Permanentemente debes buscar la forma más efectiva de hacer rendir dividendos a tu dinero, hay infinidades formas de hacerlo, sólo que las ignoramos, pensamos erróneamente que sabemos mucho, y este hecho lejos de ayudarte te perjudica, porque una actitud así, no te permite buscar más conocimiento puesto que crees que no lo necesitas, debes pisar suelo firme y ser consciente de tus carencias de conocimiento, entrenamiento y capacitación en cuestiones de finanzas, es decir en cuestiones de manejo efectivo del dinero.

Debes desarrollar el hambre, el deseo, la necesidad de aprender más cada día, recuerda siempre en todo momento que el conocimiento es poder, y entre más conozcas más poder tienes, solo así tendrás asegurado el éxito financiero, en lo que te propongas, el éxito financiero no es producto de la casualidad, no es producto de la suerte, es el resultado de las acciones previamente hechas por un individuo cualquiera y que dieron como resultado la realidad manifiesta, como lo es el éxito financiero

CREE SIEMPRE EN TI Y TODO SERA POSIBLE

Cree en ti y todo será posible, no te rindas nunca porque no sabes si el próximo intento será el que funcione, inténtalo todo el tiempo, si caes vuelve a levantarte y sigue, continua, porque de seguro encontraras el éxito en cualquier momento, no hay nada imposible, lo único imposible es aquello que no intentas, resiste, persiste y persiste hasta alcanzarlo, nadie ha dicho que fuera fácil, si lo fuera todo el mundo fuera rico y bien sabes que no es así, debes mantener una mentalidad optimista y estimulante todo el tiempo, para lograr las metas que te has propuesto conseguir, pero que sin duda alcanzaras, a la cima no se llega superando a los demás sino superándote a ti mismo todos los días, el éxito depende de la preparación y capacitación previa, sin ella lo único seguro que conseguirás es el fracaso, ser grande no es cuestión de tamaño sino de actitud, porque te conformarías con vivir una vida mediocre cuando puedes alcanzar lo que quieras? Querer es poder, creer es crear, la fe nunca ha hecho que las cosas sean sencillas, pero siempre las ha hecho posible, pero todo depende de ti, si no fuera duro, todo el mundo lo haría, es la dificultad en lograrlo lo que lo hace grande y le demos el valor que merece, no te pongas limites, estos solo existen en tu mente, deshazte de ellos y vencerás, tienes que entrenar tu mente en ser positivo como si se tratara de tu cuerpo, prepárate sin descanso porque Dios le da las más grandes batallas a sus mejores guerreros, siempre fija tu mirada hacia delante en lo que puedes hacer y no hacia atrás en lo que pudo ser y no fue, la confianza en ti mismo es una de las más grandes claves del éxito, un día te darás cuenta que ya no hay tiempo para hacer lo que siempre quisiste hacer, así que comienza a hacerlo hoy, pregúntate siempre si lo que estás haciendo hoy te llevara al lugar donde quieres estar mañana? Si no es así corrige lo que estás haciendo, nunca es tarde para empezar a ser lo que quieres ser, las personas que alcanzan el éxito son personas comunes con decisiones extraordinarias, no tengas miedo y llénate de pasión porque esta nos hace valientes, en la vida nunca llegaras a un punto donde no consigas obstáculos, tu reto es superarlos y continuar, las oportunidades nunca llegan, porque nunca se han ido, siempre han estado aquí, te toca a ti desarrollar la capacidad de verlas, y como lo haces? Con educación, con entrenamiento, con capacitación, esta ha sido siempre la clave del exito no hay otra, la ignorancia es igual a pobreza, es igual a escases, el verdadero ignorante no es aquel que desconoce sino aquel que no quiere saber, el nivel más alto de ignorancia es cuando rechazas algo del cual no sabes nada, el bien más grande que puedes adquirir es el conocimiento y el peor mal es la ignorancia, Si sabes lo que tienes que hacer y no lo haces, entonces estas peor que antes, empieza ya, no es de mucha importancia la lentitud con la que avances siempre que no te detengas, nunca te conformes con lo que necesitas para vivir, lucha por lo que te mereces, tu puedes lograrlo, no necesitas que te lo recuerde, triunfar no lo es todo, pero si, querer triunfar, al querer triunfar siempre estará latente la posibilidad de lograrlo, todo es posible en la medida que tu creas que lo es, el éxito está encerrado en tu interior permite que salga, conviértete en aliado de tu éxito, cuantas cosas pierdes por miedo a no intentarlo, por miedo al fracaso?, este no es una opción, tú tienes el derecho legítimo al triunfo, continua sin parar, se tú mismo el cambio que quieres para tu vida, produce en ti los cambios necesarios que necesitas para triunfar, conviértete por medio de la educación en la persona capaz de producir los cambios que quieres y te mereces.

Establecer metas y trazar un plan para conseguirlas es el

primer paso para convertir tus pensamientos en realidad, la acción es el puente que une lo invisible con lo visible, es decir convierte tus pensamientos en realidad, no te canses de luchar, nunca te rindas, porque la vida tarde o temprano siempre acaba recompensando a todos aquellos que se esfuerzan al máximo, todo viaje por largo que sea siempre comienza por un primer paso, comienza hoy, no sabes lo fuerte que realmente eres, hasta que ser fuerte es la única opción, no tengas miedo de arriesgarte y avanzar, ten miedo de no hacer nada y quedarte en el camino, aprovecha tu día, no te dejes llenar por el desánimo, el cansancio y la desmotivación, si te lo propones llegaras a sitios que ni tu ni nadie se imaginaba, cuida siempre que tus sueños sean más grandes que tus miedos, no te midas por las caídas que has tenido, mídete por lo valiente que has sido siempre que te has levantado, el ganador jamás se rinde y el que se rinde jamás gana, para tener éxito en la vida primero debes creer que puedes lograrlo, nunca pares, nunca te conformes, nunca te resignes, descansa, toma nuevo aliento y continua de seguro triunfaras, nunca te compares con los demás, compárate siempre con la persona que fuiste ayer, trata de ser mejor persona cada día que pasa, antes de actuar escucha, antes de accionar piensa, antes de gastar gana, antes de criticar mírate a ti mismo, antes de renunciar vuelve a intentarlo, no importa cuántas veces te equivocas, no importa con cuanta lentitud avanzas, sigues estando muy por delante de los que ni siquiera lo intentan, solo existen dos días en el año en los que no puedes hacer nada, el ayer y el mañana por lo tanto empieza a hacer hoy lo que tú sabes que tienes que hacer.

PLAN DE TRABAJO

Debes crear un plan de trabajo por escrito que lo llamaras: Plan de Ahorros e Inversiones, o como quieras llamarlo, un mapa, un modelo a seguir, un patrón de seguimiento y cumplirlo al pie de la letra sin falta, un compromiso serio, contigo mismo, con tu futuro y con tu familia.

Para tener éxito en la vida hay que tener un plan de trabajo o una ruta a seguir, y ser muy disciplinado, en seguirla y hago mucho énfasis en ser muy disciplinado, planifica con mucha seriedad como si te fueras de vacaciones por un tiempo con tu familia o alguna otra parte, toma nota detallada de cada paso que darás en este plan, planifica para un tiempo entre 6 meses máximo un año, ya que el mundo es cambiante, y podría ser que te veas en la necesidad de modificar algunas partes del plan.

Cuando tu sales de vacaciones con tu familia no lo decides de repente y te vas así nada más, montas todo en el vehículo y te vas, o te vas al terminal de transporte terrestre o aéreo y te vas, no, lo que haces primero que todo es pensarlo bien y después ir ahorrando dinero, piensas con todo lujo de detalle que te vas a llevar, como te vas a ir, en que te vas a ir, si es en avión, en tren, autobús o vehículo particular o alquilado verdad? y hasta te preparas, llevas algunos medicamentos de uso común, para el resfriado, la fiebre o malestar estomacal cierto?, si te vas en tu vehículo le haces una revisión y mantenimiento general, estas planificando, así mismo debes hacer con el plan para alcanzar las riquezas, que no se te escape nada, que todos los detalles estén bien pensados y cubiertos.

Con toda seguridad si o si, este plan de trabajo debe contener tu disposición sin condiciones para aprender nuevas cosas, nuevo conocimiento que te permita tener la capacitación necesaria para saber en qué y cómo invertir todo el dinero que vallas ganando, esta capacitación al igual que el ahorro debe ser para toda la vida, ya que el mundo es cambiante, hay nuevas tendencias, por lo tanto nuevas oportunidades y debemos ser capaces de enfrentarlas con éxito, debemos saber qué hacer en todo momento.

Tienes que fomentar, crear, incluir entre tus costumbre el amor por la lectura, tienes que comenzar por lecturas que te ayuden a expandir tu conocimiento acerca de tus inversiones, luego puedes abarcar otro tipo de literatura, hombres muy ricos que han logrado amasar grandes fortunas como Bill Gates, Warren Edward Buffet, el ya extinto Steve Jobs entre otros muchos más, crearon su plataforma del éxito financiero en base a la lectura, en base a su hábito voraz de lectura que les permitió tener el conocimiento necesario para enfrentar todas las situaciones que se le fueron presentando y las que con su conocimiento fueron propiciando.

El conocimiento nuevo adquirido dentro de ti, cambiara poco a poco tu manera de pensar y por lo tanto su manera de actuar, y recuerda que el éxito que obtenemos está directamente relacionado con lo que hacemos y no con lo que queremos hacer o nuestras intenciones, por lo tanto, durante ese primer año donde tu comienzas a ahorrar, tienes que comenzar a capacitarte, bien sea leyendo, buscando información en internet, asistiendo a cursos, seminarios, reuniéndote y pidiéndole consejos a personas de éxito comprobado, no le pidas consejos a alguien que no haya tenido resultados de éxito, ni tampoco hagas cosas siguiendo una corazonada, (a menos que estés seguro), tampoco pidas consejos acerca de un tema en particular a una persona que no tenga el adecuado conocimiento, aunque sea exitoso en otra área, por ejemplo: si vas a comprar ladrillos para venderlos, no le pidas consejos a un vendedor de joyas, aunque sea el mejor vendedor de joyas, haz como dice el dicho: zapatero a su zapato.

Tanto el ahorro como la capacitación y aprendizaje deben ser de por vida, no te preocupes si ahora mismo te parece incomodo pensar que debes tener una capacitación y ahorros de por vida, estas prácticas se convertirán en hábitos y llegaran a formar parte esencial de tu vida, lo harás por inercia, y disfrutaras mucho haciéndolo, te lo aseguro.

Este plan de trabajo debe ser detallado, debe incluir todo lo que necesitas lograr como: Que vas hacer, a que te vas a dedicar, como lo vas hacer, como lo vas a lograr, como te vas a preparar, capacitar inclusive, donde lo vas hacer, en cuanto tiempo lo vas a lograr, en cuantas etapas lo vas a lograr, cuanto aspiras ganar, con quien lo vas a lograr, si solo, con uno o varios socios.

Puedes empezar en la medida que empiezas a ahorrar, por aprender cómo elaborar un plan de negocios para principiantes desde cero, seguramente en internet conseguirás mucha información, y comienzas a configurar tu plan de negocios, debe ser un plan realizable, no te propongas metas utópicas e irrealizables, que tu sabes que necesitarías más que un milagro para realizarlo.

Ponte metas claras, metas fáciles de alcanzar, luego de lograrlo te pones otra más exigente, y luego otra más exigente, y así sucesivamente, sé que al momento de estar leyendo estas palabras puede que te encuentres perdido confundido, sin saber qué hacer ni cómo empezar, no te preocupes por eso, cuando comience tu capacitación, un mundo de nuevas ideas irán llegando a tu mente, un abanico de nuevas ideas irán desarrollándose en tu interior, ideas que irán en aumento en la medida que continúes preparándote, en la medida que adquieras nuevos conocimientos, estos se irán entrelazando con el conocimiento que ya tienes e iras creando nuevas ideas, iras descubriendo que ya empezastes a saber qué hacer, eso es lo hermoso de la lectura, de la capacitación del conocimiento, nos hace libres, nos hace grandes, tu optimismo y entusiasmo te llevara a nuevos niveles que te animaran a seguir adelante sin detenerte hasta lograr la meta trazada.

Puedes descargar cuantas veces lo desees en mi página Web https://comosermillonariodesdecero.com/ un formulario de ingresos y egresos y anotar todos tus ingresos de dinero y gastos por pequeños que sean, además un formato de balance general y uno estado de ganancias y pérdidas para saber cómo estas financieramente hablando,, el formulario ingresos y egresos si lo llenas correctamente te permitirá saber exactamente donde está yendo a parar tu dinero, con este formulario te darás cuenta que entre un 15 y 20% de tu dinero está siendo mal utilizado, se está gastando en cosas que realmente no son necesarias, este dinero que está siendo mal utilizado es el que podrás utilizar para empezar a crear tu libertad financiera.

Si llega la fecha que colocaste en tu plan para alcanzar la meta propuesta y no lo lograste, tranquilo no te desanimes, reconfigura tu plan, hazle los ajustes necesarios que tengas que hacer, observa detenidamente donde estas actualmente y acondiciona tu plan de acuerdo al punto en que te encuentras en la actualidad, para eso en este libro cuentas con un modelo de Balance General y otro de Ganancias y Pérdidas que podrás descargar https://comosermillonariodesdecero.com/ y llenarlo de acuerdo a tu condición financiera actual, trata de hacer este estado de cuentas una vez al mes, esto te permitirá saber con exactitud cuánto has avanzado o retrocedido, seguramente no sabrás como hacerlo, no te preocupes, solo tienes que ir agregando los valores de cada renglón como: efectivo, activos, pasivo, gastos etc. y el mismo te ira dando los resultados, aquí te hago la salvedad que para los efectos de llenar tanto el Balance General como el Estado de Ganancias y Pérdidas tienes que tomar el concepto de los activos y pasivos de manera tradicional no de la forma en que los defino en el capítulo del Manejo del dinero.

Analiza todos y cada uno de los puntos de tu plan de acción y reconfigúralos de acuerdo a las condiciones actuales que estás viviendo, colócale unas nuevas características o elimina alguna si ya lo lograste y continua hacia tus metas sin detenerte con alegría entusiasmo, dedicación y determinación.

Si ya ha pasado un buen tiempo y has obtenido buenos resultados, puedes hacer este estado de cuentas cada dos o tres meses como prefieras, pero no dejes de hacerlo, es necesario que monitorees constantemente donde te encuentras exactamente financieramente hablando.

Esto te permitirá tomar mejores y más efectivas decisiones cuando sea necesario hacerlo, no te descuides ni por un momento, de ti depende el éxito que puedas lograr de nadie más, no puedes darte el lujo de dejar pasar el tiempo sin supervisar adecuadamente tu negocio, a mí me paso y perdí muchísimo dinero por no contar con el conocimiento adecuado ni las herramientas necesarias que aquí te ofrezco, como un modelo de ingresos y egresos, además de un modelo de Balance General y un estado de Ganancias y Pérdidas que te permitirá saber las ganancias o las perdidas obtenidas en un determinado periodo de tiempo, te recomiendo que busques en internet información de cómo usar un estado de ganancias y pérdidas, aunque los formato que puedes descargar en mi página web https://comosermillonariodesdecero.com/ solo tienes que agregar lo valores y el mismo te dará los resultados de tu situación financiera.

TU YO EPRESARIAL

Para tener un buen éxito en los negocios debes verte a ti mismo como un yo corporativo, que quiere decir esto? esto quiere decir que debes añadir valor a tu persona, añadir plusvalía a tu vida, debes aprender nuevas cosas que te permitan alcanzar un nivel más elevado en el mundo de las finanzas, que te permitan desarrollar tus negocios, debes añadir constantemente nuevos conocimientos a tu yo corporativo que incrementen tu valor como individuo, que te hagan valer más como individuo.

Debes invertir todo lo necesario en construirte a ti mismo, en agregar herramientas de valor (conocimiento) en ti mismo, que te hagan más capaz, más eficiente, más inteligente, adquirir más recursos que te ayuden a lograr todas las metas que te propongas, tienes que estar preparado, capacitado adecuadamente para cualquier situación o circunstancia que se presente, muchas veces una toma de decisión a tiempo puede enrumbar tu negocio a un nivel más alto, y en el peor de los casos salvar tu negocio de la quiebra total.

Inscríbete en cursos que tengan que ver con el mundo de las finanzas, asiste a reuniones, congresos, seminarios etc. que tengan que ver con el manejo del dinero, compra libros de crecimiento personal, libros de finanzas básicos, luego que subas de nivel de conocimiento buscas libros más avanzados, y alcanza el máximo nivel que puedas lograr.

Busca mentores, es decir personas que tengan éxito en sus negocios y pídeles que te cuenten qué hacen para tener éxito en sus negocios, busca en internet libros, audio libros y vídeos que te capaciten en el mundo de las finanzas recuerda que el éxito está dentro de ti y tienes que ayudarlo a salir, el éxito que alcances depende única y exclusivamente de ti de nadie más, toma consciencia de esto y no pares hasta lograr todas tus metas.

Entiende de una vez por todas que el conocimiento es poder y entre más conocimiento adquieras más poder tienes, no reúses por ningún motivo las oportunidades que la vida te da, La Biblia dice que Dios nos da el poder para hacer las riquezas, este poder no tiene que ver con la fuerza, o la salud que tengamos para desarrollar un trabajo determinado, tampoco tiene que ver con una máquina de hacer dinero ni mucho menos, tiene que ver con que venimos equipados con todo lo que necesitamos para desarrollarnos en este mundo desde el momento en que nacemos.

No nos hace falta nada, venimos equipados con la maquina más poderosa del universo: Esta máquina es **El Cerebro**, el cerebro humano es la herramienta que Dios nos ha dado para pensar, analizar, interpretar, discernir, sacar conclusiones, razonar etc. en fin para poder crear las riquezas, en el podemos almacenar de manera infinita toda la información necesaria que necesitamos para emprender el negocio o los negocios que nos permitan alcanzar la tan anhelada libertad financiera.

La mente humana es similar a una tierra fértil, a la tierra no le importa lo que siembres, sea lo que sea que siembres, si lo cuidas y lo riegas ella te va a devolver en abundancia lo que hayas sembrado, la tierra al igual que la mente no cuestiona, no discute, no se opone, simplemente obedece y acepta lo que siembras, así mismo se comporta la mente humana, esta no pregunta, no rechaza no le importa lo que siembres, simplemente acepta sin condiciones lo que introduzcas en ella, sea lo que sea que siembres, eso te va a devolver multiplicado, al igual que la tierra reproduce lo que siembras así mismo hace la mente, si siembras éxito te devolverá multiplicado el éxito, pero si siembras fracaso esto también te lo devolverá multiplicado, podemos decir entonces que la mente humana es un arma de doble filo que podemos usar a favor o en contra nuestra, todo depende de lo que tu decidas.

La mente humana es el último gran continente inexplorado en la tierra, contiene infinitas riquezas sin descubrir, y producirá multiplicado todo aquello que en ella queramos plantar, por eso tu estas en el deber y la obligación de usar correctamente tu mente, estas en la obligación de sembrar en ella todo el conocimiento que te hará obtener la libertad financiera.

Concéntrate en descubrir aquello que te gusta, que te apasiona, aquello que harías sin ningún esfuerzo, aquello que harías aún si no recibieras ningún dinero a cambio, y luego que lo descubras capacítate en ello, hazte un experto y luego ofrece ese servicio, ten la seguridad que mucha gente estaría encantada de pagarte por ese servicio que les resuelve un problema una dificultad a ellos, el secreto del éxito no está en quitarle a los demás , como muchas personas piensan sino todo lo contrario, si tu resuelves un problema a alguien, ese alguien estará complacido de pagarte y además te recomendará sin que tú se lo pidas a sus amigos y familiares y así estos a su vez harán lo mismo, de esta manera tu negocio crecerá rápidamente y tú prácticamente no estarías trabajando sino disfrutando de lo que haces.

Cuando tú le resuelves un problema a alguien por una suma de dinero determinada, cualquiera que sea el problema, sea la cantidad que sea, esta es económica, porqué el dinero finalmente es papel y fácil de conseguirlo, pero resolver un problema efectivamente no cualquiera puede hacerlo, así que sea la suma de dinero que sea, se puede decir que es un regalo si consigue el objetivo.

Si no estamos teniendo éxito es porque algo malo estamos

haciendo, no estamos haciendo las cosas como deberíamos estarlas haciendo, averígualo y corrígelo, o si es necesario cambiarlo cámbialo, una de las definiciones de locura es hacer siempre lo mismo, lo mismo y esperar resultados diferentes, si queremos obtener resultados diferentes tienes que hacer cosas diferentes.

En la medida en que te preparas, en la medida que te capacitas, tu yo empresarial irá en aumento, adquirirás más conocimientos, más herramientas que te permitirán llegar más lejos, asumirás nuevos y complicados retos, te verás motivado día a día a mantenerte al tanto de las tendencias financiera para mantener tu valor empresarial y porque no aumentarlo.

Esto lo vemos en el béisbol de las grandes ligas hoy día a través de la agencia libre, esta le permite a un pelotero llegar a ganar en un año lo que otros peloteros de hace un tiempo atrás ganaban a lo largo de toda su carrera, la agencia libre a permitido que los peloteros se preparen mejor cada día en busca de mejores resultados que le permitan aumentar su valor en el mercado y conseguir contratos mejores pagados.

Es decir trabajan más fuerte para ser más rendidores cada día, tienen gimnasios y entrenadores particulares, se someten a una alimentación especialmente dirigida por personas altamente especializadas en la materia con resultados probados, vemos con asombro la gran cantidad de lanzadores que se acercan a lanzar la bola a 100 millas por hora y muchos la sobrepasan, cuando hace años atrás era prácticamente imposible para la mayoría.

También vemos como peloteros de baja estatura que no nacieron con grandes condiciones atléticas, se desarrollan a base de entrenamientos y alimentación, y logran sacar la bola del parque con regularidad, algo que era impensable en el béisbol de antaño, inclusive nació un dicho muy popular que decía: hombre pequeño que levante la bola es out, hoy día ese dicho a perdido credibilidad, producto de que cada vez más con los entrenamientos hombres pequeños desarrollan poder para sacar la bola del parque.

Lo mismo tienes que hacer tu con tu yo empresarial, aumentar tu valor en el mercado, a través de la capacitación continua que te permita desarrollarte a niveles impensables para la media de los seres humanos pero no para ti, si estás leyendo este libro es porque tú piensas diferente por lo tanto haces cosas diferentes a la mayoría, por eso tu destino es alcanzar resultados diferentes.

Mucha gente te llamara loco por las cosas que haces, déjame decirte que cuando alguien te llame loco, alégrate, regocíjate, esa es una señal inequívoca de que estas en el camino correcto, que vas bien, la mayoría de la gente se deja llevar por la inercia de la vida, por las circunstancias, nunca hacen ni prueban hacer nada distinto, van como ovejas al matadero, derechito a la muerte, caminando hacia un destino común pero que ignoran, al menos no intencionalmente.

Esperan que llueva para poder sembrar y cosechar, pero si no llueve sufren las penalidades y rigores de la sequía, pero no prueban realizar un plan para no depender de las lluvias para tener un buen año, por ejemplo: Construyendo uno o varios pozos perforados para alcanzar el agua donde este, construir una represa tan grande como sus necesidades que le permitan transitar el tiempo de la sequía sin dificultades, aplicar técnicas avanzadas de cultivos existentes para tierras donde las lluvias son escazas, donde va a escasear más las lluvias que en el Estado de Israel, y sin embargo ellos han desarrollado tecnologías que le han permitido tener siembras hasta el punto que son exportadores, una de ellas es conocida como Las bandejas de Tal-Ya que atrapan cada gota de rocío, que a su vez permiten nutrir de agua a la planta.

También implementan el riego por goteo, esto les permite darle a la planta unicamente la cantidad necesaria deagua evitando los desperdicios de la misma.

Déjame decirte que formas parte de unas estadísticas que dicen que el 9 % de este tipo de personas son llamadas locos por los demás por las cosas que hacemos, somos capaces de ver más allá de lo que nuestros ojos pueden mirar, vemos con los ojos del espíritu, esto se llama fe, porque creemos sin ver, porque somos capaces de actuar con determinación, con fe, con esperanza, sin miedo al fracaso, a la derrota, porque sabemos en nuestro interior que pase lo que pase siempre podemos levantarnos y seguir, somos capaces de seguir adelante sea cual sea la situación, porque en el verano pensamos en el invierno y viceversa, nuestra fe y ganas de emprender son el combustible que nos despierta cada día para seguir adelante sin dejarnos vencer sea cual sea la situación.

Mira a tu alrededor las personas que conoces, obsérvalas bien, ves a alguien con una maestría, un doctorado o una capacitación altamente especializada, desempleada o como decimos en Venezuela: pelando bolas, no, no la vas a ver porque esas personas bien preparadas, bien capacitadas, o tienen un buen negocio, o tienen un buen trabajo, porque? Porque son altamente demandados, siempre hay quien los contrate, toda aquella persona que este desempleada es porque su yo empresarial es pésimo, tiene muy poco que dar muy poco que ofrecer y por lo tanto casi siempre está desempleado.

No se preocupan en agregarle plusvalía a su vida, no se preocupan en agregarle valor a su vida, no saben multiplicar, dividir, a veces ni siquiera saben sumar ni restar, pero si saben quejarse, si saben gastar, si saben decir: A mí todo me sale mal, nadie me da trabajo, la vida es una mierda, puro cuesta arriba, todo es tan difícil.

No se dan cuenta que están viviendo la vida que eligieron, no se dan cuenta que si no estudiaron fue su culpa, que si no saben hacer nada, es porque nada hicieron para aprender, prefieren pasar la vida echándole la culpa al destino, a la mala suerte, a los demás etc. y no asumen su responsabilidad para poder cambiarla.

Si algo debes tener claro es que el destino lo construimos nosotros mismos, nadie más, la vida es un rollo un pergamino que se va desvolviendo poco a poco según lo que vamos haciendo, es decir: A tu vida van a ir llegando poco a poco las cosas que vallas haciendo, las cosas que vallas sembrando o haciendo.

Te pongo un ejemplo: Cuando un infarto le da a una persona, este no se formó el día que se manifestó, porque si fuera así este echo estaría en la misma categoría en que están los milagros, es decir no tienen explicación lógica.

Un infarto puede comenzar muchos años antes de manifestarse en el cuerpo de una persona, puede tardar años inclusive, este comienza cuando no tenemos una alimentación, adecuada, si no que tenemos una alimentación bastante precaria en cuanto al consumo adecuado, de grasas, azucares proteínas vitaminas etc. no hacemos casi o nada de ejercicios con regularidad, somos débiles temperamentalmente hablando, nos airamos por cualquier cosa, vivimos una vida agitada llena de estrés, preocupaciones, ansiedades etc. fumamos, o tomamos café y alcohol desmedidamente, no tenemos una rutina adecuada de sueño o descansos, luego del almuerzo principalmente.

En fin todos estos elementos, o la combinación de ellos y otros que aquí no nombro, forman el coctel adecuado para la formación de un infarto, estos elementos son la causa real del infarto, por lo tanto un infarto no es un milagro, es la consecuencia directa de un estilo de vida precario desorganizado.

Un infarto al igual que el éxito o el fracaso es un proceso largo y lento pero que al final va a alcanzar su manifestación, dependiendo de lo que hagamos y como lo hagamos, si consumimos y hacemos todos los elementos antes mencionados con frecuencia, más temprano que tarde se va a presentar el infarto.

Pero si nos capacitamos con frecuencia y diligencia antes

también vamos a alcanzar el éxito así que es obvio que nosotros construimos nuestro propio destino, o lo que es lo mismo construimos tanto nuestro éxito como nuestro fracaso, por lo tanto el éxito al igual que un infarto no es un milagro, es la consecuencia de un estilo de vida.

Es la consecuencia directa de lo que hacemos, y esto es así en todos los aspectos de la vida, por lo que aquí te dejo este versículo Bíblico para que lo medites reflexiones y pongas en práctica *Gálatas 6:7 No os engañéis; Dios no puede ser burlado: pues todo lo que el hombre sembrare, eso también segará.* (Segar significa recoger).

Como dije antes: Hoy estamos viviendo las consecuencias de los actos que cometimos ayer, y mañana viviremos las consecuencias de los actos que estemos cometiendo hoy, por eso la Biblia dice con toda propiedad y sinceridad que Dios no puede ser burlado, todo acto tiene su consecuencia, y la vida es una sucesión ordenada de actos buenos o malos que irremisiblemente tendrán su consecuencia nos guste o no, lo queramos o no, lo entendamos o no, esto al igual que la inercia tiene carácter de ley, es decir es de obligatorio cumplimiento, y que crees? se cumplirá, así que amigo te animo a empezar a trabajar en ti mismo, y si ya empezastes no pares nunca, vive por ello vive para ello.

Entiende que entre más inviertas en conocimiento para ti mismo mayores son tus probabilidades de éxito, como empresario no te rindas antes las adversidades, enfrentalas y conquístalas, por lo que podemos deducir que las adversidades son el camino al éxito, como empresario tienes que saber que entre más inviertas más ganas, como empresario tienes que saber y no aspirar a tener un rendimiento instantáneo de tus inversiones, como empresario tienes saber que estas finalmente te darán tu rendimiento.

NO CULPES A NADIE

No culpes a nadie de la situación qué hoy tú estás viviendo, no culpes al gobierno al verano al invierno al calor o al frío etc. por lo que te está pasando, si tú eres obrero es tu culpa, si eres empleado o empleador también es tu culpa, es tu responsabilidad sea lo que sea que seas, tú eres el responsable, tú tienes la responsabilidad de todo lo que te sucede en la vida y entre más pronto lo reconozca mejor para ti, porque de ser así más pronto tomaras acción para cambiar lo que no te gusta.

Tú debes tener el control de tu vida, tú debes tener el control sobre ella, nadie más debe decidir por ti, tú decides como ver las cosas, tú decides como vivir, tú decides como vestir, que comer, que auto manejar, cuando vacacionar etc. si estas contento con lo que has logrado hasta ahora también es una decisión tuya, en otras palabras el mundo que esta fuera, el mundo que vives no es más que una extensión, un reflejo de lo que está dentro de ti, como dice la Biblia según sea tu corazón así serás tú, te convertirás en lo que creas y lo que crees tiene que ver con lo que piensas, así que pon atención a tu manera de pensar y cambia aquello que no te guste por pensamientos o cosas que si te gusten , para lograr verdaderos cambios en tu vida.

Si tú no te conformas con lo que estás viviendo, de seguro harás cambios y estos cambios producirán otra realidad para ti, así que el cielo no es el límite, se puede llegar a donde queramos, todo está dentro de nosotros, esto se llama fe, la Biblia dice que sin fe es imposible agradar a Dios, es decir que si no buscamos prosperar crecer día a día Dios no va estar contento con nosotros.

Te cuento una anécdota: Dos campesinos, uno de ellos labra y prepara bien la tierra para estar listo para cuando lleguen las lluvias, el otro campesino en cambio está esperando a que llueva para empezar a preparar la tierra, cual de esos dos campesinos eres tú?, cual de esos dos campesinos tiene más fe?, aquel que no ve la lluvia pero aun así prepara la tierra como si la estuviera viendo, o aquel que espera que llueva para comenzar a preparar la tierra, con cuál de ellos dos te identificas tú y crees que se agrada Dios? Es obvio que se alegra de aquel que prepara la tierra sin aun haber llegado las lluvias, porque tiene fe porque la misma Biblia lo dice: Sin fe es imposible agradar a Dios.

Así que comienza a ahorrar constantemente con disciplina, con determinación, con entusiasmo y capacitarte adecuadamente en todo lo que tiene que ver con el manejo del dinero, con todo lo que tenga que ver con hacer rendir dividendos tu dinero, para que cuando te lleguen las oportunidades sepas que hacer, no te agarre desprevenido y le saques el mejor provecho, es más si te capacitas adecuadamente llegaras a un nivel tal, que las oportunidades no te llegaran sino que muchas de ellas serás capaz de crearlas, de propiciarlas intencionalmente.

Tendrás la capacidad de crear producto de tu preparación las situaciones que deseas vivir, y con esto además estarías honrando a Dios, ya que serás un hombre o una mujer de fe, estarías cumpliendo una de las bienaventuranzas que pronuncio nuestro amado Jesús Cristo en el sermón del monte: bien aventurados los que creen si ver, una persona de fe no necesita ver para creer, no necesita estar delante de las condiciones que está esperando o que desea ver para empezar, una persona de fe es aquella que obra, que empieza aunque no esté viendo estas condiciones.

Porque sabe que Dios está con él y que en su accionar ira creando la realidad de vida que desea experimentar, no necesita verla con sus ojos para experimentarla, necesita verla en su interior, necesita verla en su espíritu para empezar y eso es lo que ve, finalmente lo que está viendo en su interior se materializara, se hará una realidad y podrá vivirla, disfrutarla y experimentarla, un hombre o una mujer de fe no necesitan ver para creer, todo lo contrario, y porque creen es que actúan primero para después ver.

Volviendo a los dos campesinos nuevamente, aquel que preparo la tierra sin haber llegado la lluvia, este creyó que la lluvia pronto vendría que ya no tardaría, que ya estaba cerca, y actuó en consecuencia, preparo la tierra con diligencia y con ánimo para la llegada de una lluvia que aún no estaba viendo (pero su espíritu era capaz de verla), no había llegado pero dentro de sí, en su corazón estaba creyendo que vendría, y cuando llegara solo tendría que comenzar a sembrar, puesto que ya la mayor parte del trabajo estaba hecho.

En cambio el otro no estaba actuando en fe, quería ver primero para después actuar, para después comenzar a preparar la tierra, esto obviamente le traería perdidas porque después de llegada la lluvia era más difícil preparar la tierra por muchas razones: la tierra iba a estar mojada o posiblemente fangosa y en consecuencia el tractor o los bueyes utilizados para preparar la misma se iban a quedar atacados en la tierra, se iban a hundir producto de lo flojo del terreno, lo que demoraría aún más el empezar a preparar la tierra, sin incluir la pérdida de tiempo que esto trae como consecuencia.

Mientras que el campesino que actuó en fe ya estaba sembrando o plantando, lo cual es un trabajo mucho más fácil y rápido de realizar que preparar la tierra y en espera de más lluvia para la siembra que ya realizo, el otro apenas estaba preparando la tierra lo cual es mucho más difícil y complejo, ya que tiene que comenzar por retirar la maleza y rogando que la próxima lluvia no le cayera encima hasta que prepare bien el terreno, para lo cual necesitara un milagro.

Por eso es conveniente e importante estar preparado y capacitado, para las oportunidades que se vallan presentando, muchas veces llegan grandes oportunidades de realizar buenos negocios y por no estar listos preparados no las aprovechamos, por ejemplo: cuantas veces hemos visto que alguien está vendiendo una casa, una granja un vehículo, joyas etc. a buen precio porque tiene un apuro económico y necesita venderlo rápido porque tiene urgencia de dinero, no aprovechamos estas oportunidades, no porque necesitamos comprar nada de esto, sino porque podríamos revenderlos e incrementar el capital.

Hay muchas oportunidades que se te presentaran indudablemente, y tener dinero ahorrado es la clave, para aprovecharlas sin perdida de tiempo, hay un dicho popular muy cierto que dice que el dinero llama al dinero, eso es muy cierto, por lo que he podido investigar acerca de la ley de la atracción, esta dice que energías positivas se atraen entre sí, y las energías negativas también lo hacen, dado que el dinero en dicha ley esta conceptuada como energía, se entiende entonces porque los ricos cada vez son más ricos y los pobres cada vez son más pobres, se entiende entonces la veracidad de ese dicho popular, por eso debes poner especial énfasis en capacitarte adecuadamente en el manejo del dinero, debes aplicarte en conocer todo sobre el dinero, todo sobre cómo ponerlo a trabajar para ti, y eso solo es posible por medio de los estudios, la capacitación, no es magia, tampoco es suerte es un plan a seguir de forma perseverante con fe, entusiasmo, disciplina y determinación, y veras los grandes resultados que alcanzaras.

SE PUEDE SER RICO, NO ES UN MITO

La mayoría de la gente cree que ser rico y alcanzar la libertad financiera legalmente es un mito, que si alguien lo logra es por qué tiene suerte o porque recibió una herencia, o se casó con alguien con mucho dinero, cuando ser rico es una formula, no es un misterio, hoy día todo el que se lo proponga trace un buen plan y sea fiel a seguir el mismo lo lograra, te aseguro que si aplicas todo lo que aquí te enseño lo lograras, te lo aseguro porque yo lo logre, y con muchos menos recursos de los que hoy día existen.

Hay muchas maneras de alcanzar la riqueza sobre todo hoy en día que contamos con el Internet, sin el cual muchos de los ricos de hoy existen no lo fueran, tal como Bill Gates, el dueño Microsoft, Steve Jobs el dueño de Apple (quien ya murió) Mark Zuckenberg, el dueño de Facebook e Instagram, Tony Robbins, entre otros, lo cierto es que hoy es mucho más fácil que el momento que yo lo logre, nunca antes en toda la historia pasada de la humanidad existieron condiciones tan favorables para hacerse rico en tan poco tiempo, nunca antes tantas personas alcanzaron el éxito financiero como en la actualidad, la clave de todo esto es el caudal de conocimiento que existe en el internet, la autopista ilimitada de información al cual hoy tenemos acceso con solo un click.

Esto se asemeja a un rio revuelto lleno de peces donde solo aprovechan al máximo los que se atreven a lanzarse al rlo con las herramientas adecuadas para sacar la mayor cantidad de peces posibles, no así aquellos que se quedan en la orilla esperando a que baje la corriente y poder agarrar algunos peces que se hallan quedado varados en la orilla.

La fábula de estas palabras consisten en que solo triunfan aquellos que son capaces de comprar o construir naves y herramientas idóneas capaces de sacar todos los peces que quieras del rio, así que atrévete a construir con el conocimiento disponible las grandes embarcaciones que te permitan llegar rio arriba y atrapar los peces que quieras, la decisión es tuya de nadie más.

Hoy cuentas con el Internet, quien nos ofrece la oportunidad de prepararnos mucho mejor debido al infinito conocimiento al que tenemos acceso con sólo un click, yo lo alcance en 5 años más o menos y empecé de cero cuando vivía aún en mi casa materna, siendo un estudiante universitario de administración y contaduría pública, el hecho que me llevo a empezar fue el nacimiento de mi primera hija, una hermosa niña a quien su mama le puso el nombre de Diana Carolina, al nacer ml hija me dije a mi mismo: ya voy a cumplir 25 años, ya soy papá, tengo una responsabilidad, así que estudiaré de noche y trabaje de día para mantener a mi hija.

En 1985 era un joven de 24 años con unos estudios universitarios en curso de administración y contaduría pública, a finales de ese mismo año, cambie mis estudios universitarios para el turno de la noche y poder trabajar de día, ya que me había nacido mi primera hija.

El segundo de mis hermanos mayores había estado insistiéndome en que comenzáramos a fabricar silenciadores universales para vehículos, ya que yo era el encargado de un auto escape que él tenía alquilado, allí aprendí con el paso del tiempo el oficio de la soladura eléctrica, y conjuntamente con los técnicos instaladores del mismo desarmamos varios silenciadores viejos que habíamos desmontado de los vehículos que llegaban allí para reemplazar estos por unos nuevos.

Desarmando estos silenciadores nos dimos cuenta que no era tan difícil fabricarlos, que el sistema que permite bajar el estruendoso ruido del motor no era tan complejo, fue entonces cuando mi hermano mando a fabricar las maquinas necesarias para fabricar las piezas que conforman los mismos, luego del cual conjuntamente con los técnicos instaladores fabrico una cantidad muy pequeña de los mismos, pero no le fue todo lo bien que esperaba.

Al cabo de poco tiempo se venció el contrato de alquiler del auto escape y no le renovaron el mismo, porque los dueños del terreno vendieron el galpón donde funcionaba este auto escape, entonces mi hermano decidió vender los equipos del mismo ya que no tenía donde instalarlos de nuevo, pero la maquinaria que había mandado a fabricar para hacer los silenciadores universales no entraron en la venta de los equipos de instalación de los mismos que estaba realizando, por lo que al poco tiempo comenzó a proponerme que fabricáramos nosotros mismos, es decir yo como obrero y el como dueño de la maquinaria y el capital para comprar la materia prima para comenzar.

Le dije que no, porque mi meta era graduarme como administrador en la universidad del Zulia, que fabricar silenciadores iba a ser un gran obstáculo para estudiar a tiempo completo como tenía previsto, pero lejos estaba yo de pensar que Dios tenía otros planes para mi, al poco tiempo nació mi primera hija (Diana Carolina) y me decidí a trabajar, cambie mi turno de estudios de la mañana para la noche, para comenzar a fabricar los silenciadores que ml hermano había estado insistiéndome.

Les confieso que cuando empecé a trabajar no tenía en mente hacerme rico en ningún momento, sólo pensaba en ganar dinero para mantener a mi hija y mantenerme yo, después de todo aún no había abandonado mis estudios de Administración y Contaduría Pública, No tenía un plan trazado, ni siquiera sabía que era eso, lo que logre fue producto de principios financieros que active y que funcionan, no solamente a mí, sino a todo aquel que los ponga en práctica, así que esa es otra ventaja a considerar con la que tu cuentas, tener un plan y saber que vas a comenzar con un propósito claro y definido, sabiendo de antemano cuál es tu meta.

Tú vas a comenzar de una vez sabiendo que es posible, sabiendo que el dinero bien trabajado produce más dinero sin límites, yo comencé y no lo sabía, al menos no sabía cómo, ni siquiera lo imaginaba, sólo pensaba en ahorrar dinero, sólo conocía que el ahorro es la base de la riqueza, los conocimientos que fui aplicando, los fui aprendiendo en la Universidad y en la práctica, los periódicos, revistas y libros, pero estos no eran sobre economía ni administración solamente, no era de ninguna manera conocimientos financieros exclusivamente de cómo manejar el dinero para multiplicarlo y hacerlo crecer, como si vas hacer tu, eran conocimientos generales, digamos que de todo un poco, me gusta estar preparado capacitado, tenía la costumbre, y aún la tengo de buscar en el diccionario cualquier palabra que escuchara el cual no conociera su significado, no tenía que repetirla varias veces o escribirla para que no se me olvidara, nada de eso, dentro de mi permanecía el recuerdo constante de esa palabra o palabras que no conocía, y esto no cesaba hasta que tomara un diccionario y buscara la palabra en cuestión.

Es importante para desenvolverte, en conversaciones con personas que te puedan ayudar con sus consejos, que estés bien capacitado, que hables el lenguaje financiero de las personas que tu consideres te puedan ayudar con sus consejos, yo trataba de relacionarme con personas que yo consideraba importantes, personas que hubieran triunfado en los negocios, yo manejaba cierto conocimiento financiero producto de mis estudios, pero no eran muchos, además no conocía el secreto (que en realidad no es un secreto, es más bien una lógica) que hoy conozco, como lo es en capacitarme adecuadamente en conocimientos acerca del manejo del dinero.

A esas personas mencionadas les hacía preguntas de cómo hicieron? una de esas preguntas fue respondida con una historia, tiene que ver con un crecimiento importante que tuvo mi empresa gracias a su implementación, esta es la historia: era un día viernes (no recuerdo la fecha exacta) sólo recuerdo que era viernes, lo recuerdo porque los días viernes era el día más movido en mi fabrica, ese día todos los proveedores de quesos traían el mismo y lo cobraban de una vez, o cobraban el que habían dejado durante la semana, todos los vendedores de tequeños y pastelitos compraban el doble de mercancía porque venía el fin de semana, y sus clientes compraban el doble debido a que ellos no regresaban con mercancía hasta el lunes, en fin una serie de situaciones que ameritaban mi presencia, pero en ese momento llego un amigo mío muy cercano, este amigo venía a su vez con un amigo suyo llamado Elvis.

Mi amigo me conto después de presentármelo, que Elvis tenía una fábrica de cal en masilla, esta cal es utilizada en la industria de la construcción para darle un óptimo acabado a las paredes tanto interiores como exteriores, mi amigo me dijo que necesitaba ir a la finca de mi hermano mayor (el dueño de la casa donde yo inicie mi fabrica), para proponerle el negocio de comprarle las piedras necesarias para la fabricación de la cal en masilla, ya que mi hermano tenía su finca ubicada en la sierra de Perijá, en un sector conocido como lajas blancas, nombre que se debía a que las montañas estaban compuestas de estas lajas, estas eran unas montañas formadas en su mayoría por unas inmensas rocas conocidas como lajas blancas, estas eran a su vez el material que el señor Elvis utilizaba en la fabricación de la cal en masilla.

Debido a la gran oportunidad que se le presentaba a mi hermano de vender esas rocas blancas me fui inmediatamente con el señor Elvis hacia la sierra de Perijá para que viera las rocas o lajas blancas, y viera si era el tipo de rocas que estaba buscando para la fabricación de la cal en masilla.

Inmediatamente sin perder tiempo delegue funciones en mi fabrica y emprendimos el viaje que era más o menos de seis horas y medias ida y vuelta, cabe destacar que el señor Elvis era un hombre como unos 10 años mayor que yo y muy adinerado, andaba en un vehículo muy nuevo, yo diría que ultimo modelo, es decir del año, algo con lo que yo soñaba constantemente.

Durante el camino de ida entablamos conversaciones de uno y otro tema, cogimos cierta confianza, fue cuando yo aproveche para preguntarle como hizo para surgir en su fábrica de cal en masilla, el me conto que era una historia muy larga pero que me la iba resumir a grandes rasgos, me conto que su papá quien ya había muerto para ese entonces, quien a su vez fue el fundador de la fábrica, tenía 8 hijos y que era un hombre que vendía mucho, pero también daba mucho crédito, este crédito muchas veces era difícil de cobrar, lo peor de dar tanto crédito es que muchos clientes se perdían, porque hay un dicho muy cierto en Venezuela que dice que cuando uno fía, se pierde la plata y se pierde el cliente, porque el cliente, con el dinero que debía pagar al papá del señor Elvis, compraba cal a la competencia de contado a un precio más económico, el señor Elvis quien era el mayor de los 8 hermanos, observo esta situación y hablaba con su papá tratando de razonar, le ofrecía diferentes alternativas para dejar de fiar tanto, pero este hacia caso omiso a las recomendaciones del señor Elvis.

El señor Elvis me conto que cuando su papá murió y el quedo a cargo del negocio, por ser el mayor de los 8 hermanos, comenzó aplicar sus propias reglas, sus propias políticas económicas, estas políticas consistieron en que comenzó a visitar a todos los múltiples clientes de la fábrica de cal en masilla tenia, y les propuso perdonar la mitad de las deudas vencidas a cambio que le dieran un cheque para 30 días, lo cual la mayoría de los clientes aceptaron, también les dio el beneficio de venderles inmediatamente la cal en masilla mucho más económicas, pero de contado, bajo el 50 % de sus utilidades, es decir ganaba menos pero tenía la liquidez tan necesaria en el crecimiento de cualquier empresa.

Además al tener los clientes (ferreterías) del señor Elvis, la oportunidad de comprar más barato la cal en masilla, pero de contado, estos tenían a su vez la oportunidad de ofrecer mejores precios a sus clientes, aumentando de esta manera sus propias ventas, y aumentando al mismo tiempo las ventas de la fábrica del señor Elvis.

Estas políticas económicas le permitieron al señor Elvis pagarle uno a uno la parte de la herencia de todos los 7 hermanos restantes, quedándose el solo con el control total de la fábrica de cal en masilla, creció tanto que al poco tiempo, dejo de comprarle las rocas blancas a mi hermano mayor, se compró entonces una finca para poder extraer toda la roca que necesitaba para expandir el negocio de la producción de cal en masilla, prácticamente la materia prima le salía gratis, yo mismo posteriormente fui testigo de los enormes camiones nuevos de reparto que tenía su fábrica así como los que traían la rocas blancas desde la sierra de Perijá.

Esta experiencia que me conto el señor Elvis fue una gran noticia para mí, inmediatamente la aplique en mi fábrica de la siguiente manera: solicite una reunión con todos mis vendedores eran unos 4 en total, les fije mis nuevas políticas, estas consistían en bajar a la mitad mis ganancias tal como lo hizo el señor Elvis con la condición que me cancelaran en la tarde del mismo día en que se llevaban la mercancía o más tardar al día siguiente, ya que todos mis vendedores, no contaban con el capital suficiente para comprar de contado, porque lo que les extendí a todos y cada uno crédito por 24 horas, es decir cargaban la mercancía en la mañana y pagaban en la tarde o en la mañana del siguiente día.

Como ahora las ventas eran al contado, existía una deuda que los vendedores habían acumulado a través del tiempo en que habíamos trabajado a crédito, por lo que les fije cuotas módicas fácil de pagar cada 30   días, de esta manera aumentaron mis ventas, debido a que los vendedores aplicaron el mismo método con sus clientes, aumentando sus propias ventas y al mismo tiempo las de mi fábrica, esto me llevo a un nivel más alto de crecimiento aun.▯

Fue un buen plan el que decidí aplicar a partir de la experiencia del señor Elvis, a él le funciono, y a mí también, por lo que te aconsejo seas constante en educarte bien, tanto leyendo libros, asistiendo a seminarios, conferencias de finanzas y desarrollo personal asi como preguntando a los que tienen éxito que hacen y como lo hacen, y de ser posible aplícalo en tu empresa tal como lo hice yo.

COMO HACER FORTUNA

Una manera de hacer fortuna lenta pero segura es la de aplicar la regla de 10-80-10. Esta regla significa que debemos ahorrar por lo menos (puede ser más), el 10% de nuestros ingresos, vivir con el 80 %, es decir todos nuestros gastos cubrirlos con este porcentaje, esto requiere voluntad y disciplina, y por ultimo dar el 10% (diezmo), si eres Cristiano, es decir pertenecer a la iglesia de Cristo, puedes darlo allí, si no lo eres puedes ayudar al necesitado.

Esto hazlo de por vida, pero al término del primer año, al cabo del cual (sin dejar de ahorrar el 10% acostumbrado), todo lo que hayas logrado ahorrar debes ponerlo a trabajar, es decir invertirlo, para lo cual en el transcurso de ese año debes aprender cómo hacerlo, debes buscar consejos de gente que haya tenido éxito, debes capacitarte, hoy día en internet hay mucha información valiosa que puedes buscar y aprender, en la medida que vallas aprendiendo nuevas cosas, ir subiendo de nivel, mas nuevo conocimiento cada día, hasta que seas un experto en la materia, un experto en finanzas y si sale nuevo conocimiento absorberlo también.

Nunca hagas un negocio del cual no tengas conocimientos, y si vas a pedir consejos a cerca de algún negocio que quieras realizar, asegúrate de pedirle consejos a la persona indicada que sea un experto en el tipo de negocios que quieres realizar, por ejemplo si vas a comprar animales (becerros) como hacia yo, no le pidas consejos a un panadero, o un ferretero, a menos que tu negocio tenga que ver con la panadería o la ferretería.

Durante el año que comiences ahorrar debes crear la costumbre, el habito, la creencia, la consciencia, llámalo como quieras, que cada moneda o signo monetario (dependiendo del país donde vivas) que ahorres es un trabajador tuyo y por lo tanto tiene que trabajar para ti.

Al terminar el primer año de ahorros debes saber ya, producto de tu capacitación, en qué vas a poner a trabajar todos los trabajadores (dinero ganado) valga la redundancia, es decir invertir el dinero que has ahorrado, las ganancias que te produzca esta nueva inversión son los hijos de tus trabajadores y por lo tanto también son tuyos y también tienen que trabajar para ti.

El dinero, o mejor dicho, las ganancias que te produzca esta nueva inversión debes ahorrarlo todo por lo menos un 80%, y sumarlo al que ya estas ahorrando producto de tu trabajo, la suma de ambos debes invertirlo de nuevo en la medida que se presente la oportunidad, las ganancias que produzca esta nueva inversión, debes ahorrarlos también de la misma manera y sumarlo con lo que vienes horrando tradicionalmente, este ciclo debes repetirlo indefinidamente por lo menos durante cinco años.

Quizás cinco años te parecerán mucho tiempo y te entiendo, pero debes tener mucha disciplina y perseverancia ya que se trata de tu independencia financiera, se trata del bienestar tuyo y el de tu familia lo cual no es poca cosa, al término de este tiempo si haces las cosas de manera constante y disciplinada, invirtiendo oportuna y acertadamente todo el dinero acumulado, debes alcanzar la libertad financiera, luego del cual te asignaras un porcentaje para disfrutarlo junto a tu familia de acuerdo a la madurez financiera que hallas alcanzado hasta la fecha presente, pero nunca debes perder la costumbre de ahorrar y reinvertir.

Algo que debes hacer después del primer año de este periodo de cinco años para crecer más rápido financieramente, es pedir préstamos a tu banco, si y solo si tienes la suficiente madurez e invertirlos en el negocio, aplicando por su puesto todo lo que vienes haciendo con respecto al ahorro.

No debes por ningún motivo caer en la tentación de gastar el dinero acumulado, guárdalo en una cuenta bancaria y cuando tengas una considerable suma, pídele un préstamo a tu banco con garantía del mismo para invertirlo y por supuesto no olvides la regla de oro 10-80-10.

Hay muchas situaciones diferentes que una vida con dinero te puede deparar, como por ejemplo ser tentado a dejar el trabajo donde empezaste tu plan de ahorros e inversión, aumentar tus gastos producto de que ahora ganas más, a mudarte a una casa más grande y cómoda, irte de viaje más seguido y una larga cadena de etc. debes alcanzar la madurez suficiente para sortear todo tipo de situaciones durante estos cinco años y mantenerte firme y seguro en tu plan de acción, cuando te sientas tentado a hacer esto lee nuevamente tu plan de acción para que recargues la energías del plan que sin falta y con mucha disciplina decidiste seguir.

Si eres casado o tienes pareja debes hacerle conocer tu plan, para que junto a ti formen un equipo en pos de conseguir la meta trazada, si no lo haces tu pareja se convertirá en la principal piedra de tranca en camino al éxito, porque siempre te pedirá y te exigirá más, ya que tiene derecho a hacerlo porque está viendo tu prosperidad y quiere formar parte de ella, además que ella no sabe qué hacer dinero no es producto de la suerte ni la casualidad, sino que es el resultado directo de lo que haces.

MANEJO DEL DINERO

La mayoría de las personas no tienen ni idea como manejar efectivamente el dinero para ponerlo a producir, en contraste con esto son expertos en gastarlo, ni habiéndose graduado con los máximos honores en la ciencia de gastar el dinero, lo harían tan bien, Ignoran por completo la más elemental lectura de un estado financiero, y lo peor de todo es que se creen sabios, creen que lo saben todo, pero solo en su propia opinión.

Lo más elemental de una saludable economía familiar sana, como controlar los egresos con respecto a los ingresos, lo ignoran, es decir nunca gastar más dinero del que entra, no saben ni siquiera porque el dinero nunca llega a fin de mes, no saben no pueden ni quieren someterse a un control de gastos que le ayuden a conocer la realidad de sus finanzas.

Lamentablemente ni en el colegio, el liceo ni la universidad nos enseñan a cerca del manejo del dinero, nos enseñan a cómo gastarlo, a como contarlo pero no nos enseñan a cerca de su manejo, los conocimientos que obtenemos de estos son empíricos, lo aprendemos de padres a hijos en base a la experiencia cotidiana, lo que aprendemos en estas circunstancias no es suficiente para destacar en el mundo de las finanzas, la mayoría de las personas que logran tener un destacado, mediano y mínimo éxito financiero lo logran en base a un gran sacrificio como por ejemplo: no se permiten casi ningún gusto, ni ellos ni se lo dan a su familia para no gastar el dinero, cambian tiempo por dinero, cambian salud, alegría, juventud por dinero, en pocas palabras son esclavos del dinero.

La mayoría de los comerciantes tienen que estar en el negocio todo el tiempo para que funcione, comen y viven mal, toda una vida austera y de sacrificios con el objeto de aumentar el capital, en fin hay muchísimas razones más, lo cierto es que si supieran un manejo óptimo del dinero harían que su dinero trabajara para ellos, no trabajarían ellos por dinero.

Meditando sobre este hecho podemos decir que gran parte de nuestra existencia la pasamos esclavizados en el trabajo, intercambiando nuestra juventud por dinero, nuestro tiempo con la familia por dinero, nuestro tiempo en hacer lo que realmente nos gusta por dinero.

Una vez escuche a alguien decir que el hombre pasa toda su vida productiva que más o menos son 40 años, trabajando por dinero, durante este tiempo que tiene salud y juventud, no vive, solo existe, ahorra a duras penas, luego lo que llega ahorrar si es que lo hace sumado a su pensión, lo gastan en ir al médico y comprar las respectivas medicinas, cuando ya son viejos.

Hice un cálculo a grandes rasgos de un hombre que comienza a trabajar a los 20 años y deja de hacerlo a los 60 año, es decir trabaja durante 40 años, suponiendo que trabaje de lunes a viernes 8 horas diarias, más 2 horas que serían: 1 de descanso y 1 hora entre ir y venir al trabajo serian 10 horas diarias (lejos de su familia, lejos de hacer lo que realmente le gusta, lejos de la posibilidad de disfrutar su vida), el año tienes 365 días, si le resto 108 entre sábado y domingo me quedarían 257, si multiplico estos por 10 horas diarias me darían: 2570 horas al año, si estas las divido entre 24 que es el número de horas que tiene un día me daría: 107,08 días al año de trabajo, fuera de su casa, y esto lo multiplico por 40 que es el número de años que en promedio trabaja un individuo me daría: 4283,33 y si esto lo divido entre 365 que es el número de días que tiene un año, me daría entonces: 11,73 años, 11,73 años de su vida preso en la cárcel del trabajo, 11,73 años de su vida intercambiados por dinero para poder vivir la diferencia de esos 40 años, que son 28, 26 en otras palabras intercambian 11,73 años de su vida para poder subsistir 28,26.

Estos datos son solo en promedio, pueden ser más o pueden ser menos, dependiendo, de los días feriados, semana santa, carnaval de cada país, o si se trabaja sábado o no.

UN EMPRENDEDOR VE OPORTUNIDADES DONDE OTROS SOLO VEN PROBLEMAS

Ejemplo de creatividad para aprovechar la situación

Tú tienes hoy la gran oportunidad de cambiar esto por lo menos para ti, así que comienza ahora mismo, no te rindas, forma parte de ese 9 % que cambian sus vidas y la de los demás, adelante si se puede crea toda la riqueza de la que seas capaz, no hay límites para el que quiere, el que quiere puede, se de esas personas que ven oportunidades donde otros solo ven problemas, derrotas fracasos.

pon tu creatividad a funcionar, pon tu mente a trabajar para ti y para los tuyos, mira esta caricatura para que te inspires y hagas lo que tú sabes que tienes que hacer, si eres unas de esas personas que pertenece a ese 9 % no te detendrás ni siquiera aun después de haberlo logrado, porque sé que a mí no es el dinero lo que nos mueve es esa llama en nuestro espíritu, en nuestro interior lo que nos da la gasolina para seguir cada día, para disfrutar lo que hacemos, para vivir lo que hacemos.

Hagamos algunas definiciones importantes para conocer mejor su significado y aprendas parte del manejo del dinero.

Que es riqueza: Riqueza es la capacidad de pagar tu estilo de vida actual sin la necesidad de trabajar activamente para pagarlo, es decir tener múltiples fuentes de ingresos pasivos, y cubrir el estilo de vida actual para luego pasar al estilo de vida deseado.

Que es se financieramente libre: ser financieramente libre es cuando no necesitas seguir trabajando para cubrir los gastos de tu estilo de vida.

Entendiendo libertad financiera como la capacidad de generar ingresos pasivos hasta cubrir completamente los gastos de tu estilo de vida con el dinero que vallas invirtiendo producto de los ahorros acumulados.

Que son ingresos pasivos: Ingresos pasivos son aquellos ingresos que llegan a nosotros producto de las inversiones y que no necesitan de nuestra presencia para generarlos, ejemplo: Escribes un libro lo subes a una plataforma digital y ya, las ventas de este no necesitan que tú estés presente para concretarse, de hecho este libro que estás leyendo es un ingreso pasivo para mí.

Que son ingresos activos: Ingresos activos son aquellos ingresos que necesitan de tu presencia para generarlos: Tu empleo es un ingreso activo porque necesitan de tu acción o actividad para generarlos, cambias tu tiempo, tu vida por dinero.

La mayoría de la gente no sabe generar ingresos pasivos por lo tanto están condenados a vivir una vida de escasez de mediocridad, viven de los ingresos activos de su empleo, si los despiden viven un verdadero calvario, no saben cómo se maneja el dinero, no tienen la más mínima idea de cómo poner a generar dinero a su dinero, te pongo un ejemplo bien sencillo: tienes un dinero guardado y decides comprar una bicicleta, compras la bicicleta y ya te quedaste sin dinero, ahora adquiriste un pasivo porque tendrás que gastar dinero en darle mantenimiento, pero sin en lugar de eso compras la misma bicicleta pero para alquilarla, al cabo de un tiempo tendrás dinero para comprar otra bicicleta y alquilarla también, y así tienes más dinero y más dinero y compras más bicicletas y más bicicletas en lugar de haber gastado el dinero lo pusiste a producir, actuaste de forma inteligente.

Si tu lees un libro de economía o contabilidad conseguirás que definen un activo como todos aquellos bienes que tienen un valor y que te pertenecen, más o menos esa es la definición de activo que conseguirás, pues vamos a redefinir de ahora en adelante para nuestro efectos lo que es un activo, para que estés más claro lo que significa y puedas tomar acción en consecuencia en cuanto se presente la oportunidad.

La gente rica no es distinta de la gente que no lo es, simplemente piensa distinto y por eso hace cosas distintas por consiguiente obtienen resultados distintos.

Que es un activo: Un activo es todo aquello que pone dinero en tu bolsillo, en tu cartera, billetera, en tu cuenta etc.

Por ejemplo un vehículo no es un activo, un vehículo necesita mantenimiento, cambios de aceite etc. saca dinero de tu bolsillo representa un gasto por lo tanto es un pasivo, a menos que sea un carro de alquiler o un taxi, un auto bus, camión etc. Cuyo trabajo pone dinero en tu bolsillo, te genera dinero, un ingreso te genera una utilidad, por lo tanto es un activo.

Una casa es un pasivo, al igual que el vehículo, necesita

mantenimiento, pagar facturas de servicios básicos como agua, luz, teléfono, una persona de servicio para su limpieza etc. saca dinero de tu bolsillo por lo tanto es un pasivo, a menos que sea una casa de alquiler o alquiler de habitaciones en cuyo caso pone dinero en tu bolsillo por lo tanto es un activo.

Que es un pasivo: Un pasivo es todo aquello que saca dinero de tu bolsillo.

Todos los gastos, tales como comida, servicios básicos, ropa, calzados, mantenimiento del hogar, mantenimiento del vehículo etc. todo lo que represente un egreso o salida de dinero sin traer consigo una utilidad de retorno representa un pasivo.

DIVERSIFICA TU INVERSIÓN

Hay un dicho muy popular que dice que no guardes todos los huevos en una sola canasta ya que si está se cae, o sufre cualquiera imprevisto se romperán todos los huevos o por lo menos casi todos, esto aplicado en economía y llevado a la vida real significa que no inviertas todo el dinero en un solo negocio, ya que si tú negocio fracasa o no te va bien quedarías prácticamente en banca rota.

Por supuesto esto de diversificar tu inversión podrías hacerlo cuando tengas el dinero suficiente para hacerlo y alcances un buen nivel de entrenamiento, aprendizaje, conocimiento, capacitación o asesoría de expertos en diferentes tipos de negocios, esto es para cuando ya estés en un nivel donde ya tengas dinero suficiente, o la confianza crediticia de tu banco que te permita diversificar tu inversión.

Nunca des un paso tan importante como lo es el de invertir, si no tienes el conocimiento necesario, asesoría de expertos o un mentor que te guie con resultados concretos probados, no te apresures ten paciencia, toma siempre las cosas con calma, con cabeza fría, evalúa detenidamente todas las opciones que tienes, piensa y vuelve a pensar una y otra vez, pide consejos, asesórate lo suficientemente bien, hasta que estés seguro que funcionara, y si por alguna razón algo sale mal y no funciona, no te desanimes, observa detenidamente que hiciste mal, que fue lo que no funciono, donde estuvo el error o los errores y corrígelos, pero no te desanimes, no te des por vencido, adquiere experiencia de este hecho, saca lo bueno de lo malo que hiciste y enriquece tu capital educativo pero nunca cometas el error de abandonar, perder una batalla no significa perder la guerra, continua adelante.

Aprende que una derrota no es el fracaso, de hecho muchas

veces las derrotas te llevan al éxito, pero depende de ti de nadie más, dale la vuelta y míralo al contrario, míralo desde otro ángulo otra perspectiva, no te rindas, ve la derrota como un guía que te muestra como no hacerlo la próxima vez, las derrotas forman parte del éxito, pero depende como abordas la situación, si te desanimas y no vuelves a intentarlo, si te quedas parado y no vuelves hacer nada, entonces si habrás fracasado.

Aprende a mirar las cosas con optimismo, con esperanza y con fe, espera siempre lo mejor y da lo mejor de ti, recuerda que la vida que estamos viviendo, o realidad de vida que estamos experimentando es una extensión, un reflejo de lo que está pasando dentro de ti, si te desanimas y no haces nada, te quedas acongojado, quejándote, lamentándote, eso quiere decir que eso que se está manifestando en tu vida, es lo que está ocurriendo dentro de ti, tienes que cambiarlo rápidamente, antes que haga nido en tu mente y se convierta en un aprendizaje negativo y haga estragos en tu vida.

Una persona que no admite el fracaso total en su vida es aquella persona que siempre está pensando cómo hacer para salir adelante, y está dispuesto a hacer lo que tenga que hacer para conseguir sus objetivos, siempre está generando ideas, pensamientos para salir adelante, pero esos pensamientos e ideas fueran mucho más efectivas si te enfocas en un buen aprendizaje, una buena capacitación.

Entre mejor capacitado, entre mejor entrenado estés, mejores serán tus pensamientos e ideas y por ende actuaras en consecuencia, y conseguirás mejores resultados, si no te capacitas adecuadamente cualquier éxito que obtengas será fortuito o parte de la casualidad, y con casi toda seguridad el éxito que has alcanzado lo perderás, y en las diferentes situaciones que se te irán presentando no sabrás que hacer y por ende los resultados que obtendrás no serán los que deseas.

Un hecho análogo en esta situación y que es válido para que lo entiendas mejor, es que si una persona, un piloto de avión por ejemplo emprende un vuelo intercontinental o de un país a otro en el mismo continente, no importa.

Si este piloto con poca experiencia inicia su vuelo y todo sale a la perfección, no hay novedad, no hay mal tiempo, los instrumentos del avión funcionan a la perfección, no tuvo una situación que lo sacara de la comodidad de su corta experiencia, no pasa nada, llegara con toda seguridad a su destino sin ningún problema, habrá conseguido los resultados que esperaba.

Pero si en cambio sucede todo lo contrario, durante el vuelo algunos de los instrumentos del avión no responden, o se consigue de repente que el avión está perdiendo combustible, un motor dejo de funcionar, un volcán hizo erupción y se ve obligado a tomar otra ruta y se consigue con una tormenta inesperada, o cualquier otra inesperada dificultad, seguramente no sabrá que hacer, su poca experiencia no le permitirá saber qué hacer en el momento oportuno, terminaría teniendo serios problemas y en el peor de los casos estrellándose.

Un piloto de aviación regularmente está entrenado y capacitado para todas estas eventualidades y aun así a veces falla, pero el riesgo es mucho menor, porque en los controles del avión hay una persona bien entrenada bien capacitada, para asumir toda posible situación.

De eso se trata el éxito financiero, el mundo de las finanzas, el mundo económico es tan diverso y cambiante como cualquiera situación inesperada que se le pueda presentar al piloto de avión, y será tu capacitación, tu entrenamiento y conocimiento quien te sacara adelante, saber qué hacer en todo momento es lo ideal, es lo necesario para obtener el éxito que estamos buscando, tienes que ser diligente tanto en ahorrar como en capacitarte, tienes la ventaja de que cuentas con suficiente tiempo y el internet, y que tu no estas volando ningún avión con una avería, o situación inesperada donde te queda poco tiempo para tomar una acción que evite que te estrelles, al contrario del piloto de avión puedes ir poco a poco pero seguro.

Aquí vuelvo a hacer hincapié, solo depende de ti, de nadie más, tienes que ser capaz de producir primero los resultados dentro de ti, en tu mente, en tu sub consciente, en tu manera de pensar, tienes que embarazarte de un proyecto, una idea y conviértela en un plan minuciosamente detallado a seguir fielmente al pie de la letra, para que luego dé a luz por medio de la acción en el mundo material y natural, de esta manera obtendrás la realidad de vida que deseas y te mereces, pero eso depende única y exclusivamente de ti de nadie más, tu eres el único capaz, de producir la vida que deseas, tu eres el arquitecto de tu vida, tu eres la única persona que puede hacer algo por ti mismo, no hay más nadie, conviértete en un fabricante de prosperidad para ti y los tuyos, pon esa fábrica de prosperidad que es tu mente a fabricar al máximo, no te quedes atrás porque si lo haces ella igualmente trabajara pero por defecto, trabajara con el programa que se creó desde su niñez y créeme que esa realidad posiblemente no te gustara, y posiblemente será todo lo contrario: una fábrica de pobreza y miseria.

Pero no culpes a nadie, tu mente no te contradice, no discute contigo, tu eres quien manda y te dará todo lo que en ella hayas sembrado, por lo tanto es hora que tomes el control, y comiences a sembrar semillas de capacitación para que te devuelva multiplicado lo que siembras en ella, identifica tu misión en la vida y capacítate de acuerdo a esa misión, hazte un experto en esa área y al poco tiempo cosecharas los resultados, serás un hombre prospero, feliz, lleno de alegría y prosperidad, amaras lo que haces y además te pagaran por hacerlo.

ES MEJOR El 1% de 100 QUE El 100% DE 1

Hemos aprendido desde muy pequeños de nuestros padres, que debemos estudiar fuertemente, asistir a la universidad y conseguir un buen empleo que nos garantice una digna manera de vivir, lo cual no está mal.

También nos han enseñado que el trabajo arduo, esforzado, que entre más trabajes más ganas, el trabajar de sol al sol genera más riquezas, lo cual no es del todo cierto, si eso fuera del todo verdad, todos los campesinos, pescadores, obreros etc. fueran ricos, quien trabaja con más ahínco y tesón que ellos?.

Tenemos que aprender a trabajar de forma inteligente, aplicar en toda la extensión de la palabra el título de este capítulo: Es mejor el 1% de 100, que el 100% de 1, esto es lo que se conoce como apalancamiento, es decir apoyarte en el trabajo de los demás para obtener más ingresos, es decir obtener un rédito, una ganancia del trabajo de los demás, bien sea de personas o cosas, como maquinaria, bienes muebles e inmuebles etc. te pongo un ejemplo una maquinita de helados, la pones a trabajar y esta te genera un ingreso cualquiera, las ganancias que te genera esta maquinita las ahorras hasta que puedas comprar otra maquinita, luego la ganancia de las dos maquinitas las ahorras y compras una tercera maquinita que a su vez también generara una ganancia que sumado a las dos que ya tenías, te permitirán comprar una cuarta maquinita, y así sucesivamente hasta que tengas muchas maquinitas, cada vez será más fácil comprar más maquinitas, incluso llegara el momento en que podrás comprar varias al mismo tiempo, y si te capacitas bien y aprendes como hacerlo te atreverás pedir prestado a tu banco y comprar mucho más maquinitas, llegara el momento en que necesitaras una infraestructura que te permita desarrollar mucho mejor tu negocio, como un galpón para reparación y mantenimiento de las maquinitas, vehículos para llevar y traer las mismas, oficinas y empleados que te permitan llevar una mejor administración, etc. etc.

Este ha sido solo un ejemplo de infinitos negocios que pudieras emprender, como ya lo dije antes, existen muchísimos negocios que pudieras emprender, pero se necesita capacitación para desarrollar la visión, para desarrollar la capacidad de ver oportunidades, te cuento una metáfora: Un joven le enseña sus manos a su novia y le dice: mira mis manos que ves en ellas?, la joven le responde: bueno veo que son fuertes, que tienes las uñas limpias y bien cortadas, que están llenas de callos por el fuerte trabajo que realizas, a lo cual el joven le contesta: yo veo en mis manos mucho más que eso, veo la capacidad de crear la empresa de mis sueños, veo que estas manos me ayudaran a realizar mis sueños para vivir la vida que merezco junto a mi familia, con ellas realizare y cumpliré todas las metas que me proponga.

La metáfora de estas palabras es que existen personas que no pueden ver más allá de lo que sus ojos le muestran, y muchas veces ni eso ven, porque son poco observadores, tienen una vista limitada, ven pero no tienen visión, pero existen otras que ven mucho más allá, que son capaces de ver en su mente, crear el futuro primero en sus mentes para luego convertirlo en una realidad, el extinto Wall Disney, fue uno de ellos, el en vida no llego a ver Disneylandia, pero lo vio en su espíritu, en su mente, lo conoció por medio de esa capacidad que desarrollan los emprendedores, quienes pueden ver en su interior lo que pueden llegar a crear, lo que pueden llegar a lograr.

Yo en mi juventud hice algo parecido, yo comencé en una casa a medio construir de mi hermano mayor, quien había enviudado para esa época y se había casado nuevamente, dejo sola esta casa y no la vendió porque era la casa de los hijos de su fallecida esposa, quienes estaban muy pequeños y no podían vivir solos allí, así que se los llevó consigo a su nuevo hogar y dejo la casa sola, yo estaba recién separado de mi esposa en ese entonces y me fui a vivir al cuido en la casa de mi hermano, allí después de un tiempo comencé mi empresa que luego la llame *Alimentos Addian CA.*

Esta empresa comenzó con una idea, y con una visión, y llegue a construir un galpón tan grande como pude con el espacio del que disponía, luego de algunos años y después de sortear una gran cantidad de dificultades compre la casa de mi hermano, también mande a construir una casa grande aparte para mí y mi familia, además de vehículos nuevos para mí y mi esposa (porque me volví a casar), llegue a distribuir mis productos a nivel occidental del país y poco me falto para llevarlos a nivel nacional.

Todo comenzó a gestarse dentro de mí, en mi corazón como una idea, una visión un proyecto, así que amigo, amiga, te animo a comenzar tus sueños, te animo a poner en práctica las palabras de Dios en la Biblia, cuando dice que Él nos da la capacidad para crear la riquezas, no es mentira, yo lo experimente, y sé que es tan cierto como que la tierra gira sobre sí misma y alrededor del sol, tan cierto como que después de cada noche amanecerá, como que el día tiene 24 horas, así que anímate a comenzar, el poder está dentro de ti, déjalo salir no tengas miedo, Dios está contigo, Él te respaldara así como lo hizo conmigo y aun lo hace.

Somos dioses a pequeña escala, heredamos de Dios su capacidad para crear, entre otras tantas cosas, el problema es que nos dejamos paralizar por la duda y el miedo, y el miedo está allí porque no confiamos en nosotros mismos, y no confiamos porque nuestra conocimiento es tan exiguo, tan escaso, que realmente es un milagro no tener miedo, pero tranquilo, no te dejes vencer comienza a capacitarte, comienza a instruirte, comienza a aprender de todo lo que te hace falta para tener éxito en la vida, aprende todo lo que necesitas aprender de todo lo que te apasiona, tu mente te generara las ideas necesarias para desarrollar tu negocio, en Amazon y otras tantas tiendas digitales venden todo tipo de libros muy económicos, digitales y físicos, estamos en la era de la información, estamos en la era donde hay mucho más oportunidades que antes, ahora existe el internet, que incluso te da la oportunidad de crear tu propio negocio online, es decir desde tu casa u oficina, se calcula que la mayoría de los negocios que existirán dentro de 10 años (estamos en 2019), no existen actualmente, el internet a globalizado el mundo, generando un caudal de oportunidades para todos, oportunidades que serán aprovechadas solo por los más capaces, y quienes son los más capaces?: aquellos que no se rinden, aquellos que creen que si se puede, aquellos que creen que Dios nos da el poder para hacer las riquezas y que está con nosotros cada día que pasa, adelante capacítate, no lo veas como que es imposible, imposible es llover para arriba, todo lo demás es posible así que te animo a comenzar, iras creando el habito la costumbre de aprender más cada día, te lo aseguro no te arrepentirás, si eres capaz de trabajar 8 horas diarias por dinero para cubrir tus gastos, no serás al menos de trabajar al principio una hora al día por tu fortuna?, si eres capaz de trabajar arduamente para cumplir el sueño ajeno, no serás capaz de trabajar arduamente por tus sueños?

NOS CONVERTIMOS EN LO QUE PENSAMOS

No es un invento mío, tampoco es ciencia ficción, es la realidad y nos compete a todos y cada uno de nosotros los seres humanos que poblamos este planeta, es un hecho comprobado que nuestra vida seguirá a nuestros pensamientos, es decir que nos convertimos exactamente en lo que pensamos, nuestra vida se va desenvolviendo día a día de acuerdo a nuestra manera de pensar.

Si no lo crees haz la prueba: observa detenidamente y con cuidado la manera en que piensas y compárala con la manera en que vives y lo que has obtenido, donde y como estas en este momento, te darás cuenta que hay una gran similitud entre tu modo de pensar y la vida que estás viviendo, aquí entenderás bien ese dicho muy popular que dice que las cosas se parecen a sus dueños y esto es porque las cosas que somos y poseemos no son más que el reflejo de nuestro interior es decir de nuestro modo de pensar, es un hecho comprobado que nuestra realidad interior es un reflejo de nuestra realidad interior, es decir que lo que vivimos, nuestra realidad de vida exterior es una copia al carbón de nuestra realidad interior, nuestra realidad exterior es la verdadera imagen de nuestro interior reflejada en el mundo exterior convertida en nuestra realidad de vida.

Si no lo ves en ti observa detenidamente a las demás personas, si viven contigo mejor, mira las cosas que poseen, lo que hacen, y sabrás como piensan, no te pasa que al mirar algún objeto cualquiera: un vehículo, una moto, una casa o un perro por ejemplo te acuerdas del dueño de cualquiera de esas cosas?. Tu modo de pensar hace una referencia entre el objeto y la persona dueño del mismo, que te hace pensar que las cosas se parecen a sus dueños.

Volviendo al tema de que atraemos lo que pensamos, te

cuento una historia de mi vida personal: actualmente para el 2019 cuento con 58 años, y recuerdo que desde muy joven cuando comencé a tener novias, empates, pololas, llámalo como quieras, siempre me gustaron las mujeres menores que yo.

No quiero decir que solo me gustaban solo la menores que yo (me gustaban todas siempre que fueran más o menos bonitas), porque cuando uno llega a la pubertad y se hace adulto poco importa si son más o menos de la misma edad, o si son muy lindas o no, contar que sea mujer es suficiente, a menos que sea enferma o anormal por supuesto.

Pero en la medida que van transcurriendo los años tus pensamientos predominantes van modelando, van creando tu realidad exterior, van produciendo la realidad de acuerdo a tu modo de pensar, mis años iban pasando y mis gustos por las mujeres más jóvenes se iban acentuando, recuerdo que cuando tenía 24 años más o menos tuve varias novias de 17 años, entre ellas la que fue mi primera esposa con quien me case a la edad de 27 años y me divorcie cuando tenía 30.

Luego cuando tenía 32 conviví en concubinato con mi actual esposa con quien me case unos años más tarde, cuando la conocí tenía 19 años, no saben a mi edad lo bonito que es tener una esposa mucho más joven, sobre todo si las comparas con las esposas de tus amigos contemporáneos, eso te ayuda, te motiva a mantenerte sano saludable, tanto en espíritu como físicamente, porque tienes una compañera mucho más joven, y no quieres verte tan viejo, eso es quererse uno mismo ya que te permites, te regalas una linda mujer mucho más joven tú.

Porque? porque mi vida siguió mis pensamientos, mujer que no era mucho más joven que yo sencillamente no la enamoraba, no le prestaba atención y todo comenzó con qué?, con un pensamiento una manera de pensar, mi vida siguió y se transformó de acuerdo a lo que estaba dentro de mí, y así es con todo lo que respecta a nuestras vidas.

Te cuento otra anécdota de mi vida para que lo tengas más claro: de la unión de mi primera esposa nacieron dos lindos varones, al mismo tiempo tenía un trabajo modesto que me permitía cubrir los gastos de mi familia, pero cuando llego la separación y me divorcie y me case con la que es mi actual esposa, resulta que ahora tenía otra familia que mantener, los gastos para poder mantenerlas a las dos familias crecieron, y con la llegada de cada niño de mi nueva familia estos aumentaban cada vez más, yo decía: ahora tengo que producir más dinero para poder mantenerlos a todos, entonces mi mente comenzó a darme ideas para ganar más dinero cada vez.

Para cuando los niños con mi actual esposa empezaron a llegar, ya había empezado con una pequeña empresa, era una fábrica (que años más tarde pude convertirla en una gran fábrica) de pasteles y pasapalos congelados para fiestas, desayunos, meriendas etc.

Las ideas que llegaban a mi mente era la de ofrecer este producto de diferentes maneras, para poder llegar cada vez más lejos y a más personas, fue así como mi pequeña empresa que empezó en un pequeño local que acondicione con gran esfuerzo en la parte de atrás de una casa, donde vivía al cuido y que estaba a medio terminar, (esa casa le pertenecía a mi hermano mayor quien había enviudado para ese tiempo), esta empresa crecía cada vez más en gran parte por la por la gran variedad de productos que ofrecía , llegamos a expandirnos, a cubrir por lo menos un tercio del territorio nacional (Venezuela) para el 2003, para ese entonces ya estaba en camino de cubrir todo el territorio nacional, pero lamentablemente un paro petrolero ocurrido en Venezuela a finales del año2002 y principios del 2003, dieron al traste con esos planes.

Lo que quiero que entiendas con esto que te estoy contando, es que la vida se va desenvolviendo de acuerdo a tu manera de pensar, tu vida poco a poco se va transformando en aquello que piensas, si no exactamente al menos muy parecido, muy similar, por eso es muy, pero muy importante que te capacites, que te entrenes, no te estoy diciendo que te gradúes en una universidad, o en algún instituto tecnológico, nada de eso, lo que te estoy diciendo es que aprendas y te especialices en aquello que te gusta, que te vuelvas un experto, y los pensamientos llegaran, y tu vida ira desarrollándose de acuerdo a ellos, tienes que convertirte en la persona capaz de crear la realidad que deseas para ti y para los tuyos.

Otra prueba de que nuestra vida sigue a nuestros pensamientos, es algo que también sucedió en mi vida: mi madre Dios la tenga en la gloria, cuando yo era un niño de escuela primaria hacía para mí y mis hermanos para desayunar antes de ir al colegio unos pastelitos de papa y queso, estos eran tan sabrosos que me marcaron profundamente para el resto de mi vida, hasta el punto que soy el dueño de una de las fábricas más grandes de este rubro en toda Venezuela.

Para cuando tenía unos 18 años más o menos, mi abuela materna me dijo que me hiciera cargo de un pequeño quiosco del cual ella era la dueña, los inquilinos anteriores la habían desocupado, a lo cual yo accedí y comencé a trabajar en el mismo, el inquilino anterior tenía un proveedor de pastelitos fritos el cual yo herede, este señor dejaba todos los días en la madrugada detrás del quiosco antes de que yo empezara a trabajar una lata con 100 pastelitos de papa y queso.

Estos pastelitos de papa y queso me recordaron aquella

época de niño cuando mi mama nos hacía aquellos incomparables pastelitos, este hecho encendió mi espíritu, a partir de ese momento mi mente comenzó a visualizar una cadena de producción de los mismos dentro de mí, a pesar que nunca había visto la maquinaria correspondiente para fabricarlos, todas las noches antes de dormirme y también durante el día, no podía dejar de pensar en ello, esto sucedió por un buen tiempo, estos pensamientos no dejaban de aparecer en mi mente.

Luego cuando ya tenía como 26 años y mi primera hija había nacido, recuerdo que fui a visitar un compadre (el padrino de mi hija), en un pequeño restaurante que había alquilado, allí me di cuenta que mi compadre tenía un proveedor de pastelitos congelados listos para freír llamados Ricos Mara, en realidad eran bien buenos para ese entonces, me di cuenta que después bajaron la calidad y sus ventas se vinieron abajo, aprendí con este hecho que sacrificar calidad para no aumentar el producto es un gran error, es preferible aumentar de precio el producto antes de quitarle calidad al mismo para mantener la utilidad o aumentarla, al aumentar de precio el producto regularmente se observa una drástica caída en las ventas, pero esta es temporal, la gente se va acostumbrando poco a poco al nuevo precio, no así en el hecho de bajar la calidad al mismo, cuando bajas la calidad, le estás diciendo figuradamente a tus clientes que compren otra marca, ya que la tuya ya no es tan buen.

También hay que tomar en cuenta que no todas las economías de los diferentes países son iguales, esto que te estoy contando se refiere específicamente a la economía Venezolana, por lo que necesariamente no tiene ni es igual que otras economías, por lo que debes andar con cautela y aprender lo suficiente sobre el comportamiento del mercado del país donde tu vives.

En las visitas que le hacía a mi compadre y ver los pastelitos congelados que le llevaba el proveedor de los mismos, me hizo empezar a soñar nuevamente, pensaba a cada momento como hacer, para montar una fábrica, estaba la idea, la semilla pero aun no era tiempo de nacer.

Para ese entonces ya había dejado de ser un soldador de silenciadores universales para vehículos y había comprado a crédito una camioneta pickup C-10 año 84 y me había convertido en el vendedor de los mismos, por lo que mis ganancias se habían multiplicado.

Este hecho me llevo seriamente a pensar en montar una fábrica de pastelitos, pero ocurrió algo inesperado, mi hermano vendió la fábrica de silenciadores del cual yo era en sus inicios el soldador, y posteriormente vendedor, con la condición que me vendieran los silenciadores que yo necesitaba para poder seguir trabajando, es decir que no me fueran a dejar sin trabajo, recuerdo que la gente que compro la fábrica de silenciadores a mi hermano acepto venderme los silenciadores que yo necesitaba para atender a mis clientes, pero no respetaron el acuerdo que hicieron con mi hermano por mucho tiempo e idearon una sucia y baja manera de sacarme del mercado.

Paso un tiempo más para que yo pudiera empezar mi fábrica, el haberme quedado sin trabajo fue catastrófico, los ahorros que tenía acumulados hasta el momento tuve que dedicarlos para pagar algunas de las cuotas vencidas de la camioneta y mi matrimonio que ya estaba a punto de efectuarse, dure algún tiempo sin trabajo fijo, mientras tanto viajaba como chofer llevando quesos hasta Caracas la capital de Venezuela con el menor de mis hermanos mayores, hasta que mi hermano (mi patrón) me propuso hacerme cargo de una ruta de ventas de quesos que el dueño anterior no estaba pagando al día, el cual acepte sin demora.

No fue sino hasta que tenía más o menos 30 años y aprovechando que tenía los dos ingredientes principales como el queso (me había convertido en distribuidor de quesos y mis hermanos eran distribuidores de harina de trigo) para la fabricación de pastelitos que decidí a iniciar la fábrica.

La falta de experiencia me llevo a comenzar sin un plan definido, solo tenía la juventud, el deseo y las ganas de prosperar, compre 2 maquinitas desechables (algo que no sabía dada mi falta de experiencia), sin una fórmula adecuada para pastelitos congelados, algo que también desconocía, pensaba que solo era amasar y ya, nada más lejos de la realidad, la falta de esta fórmula me trajo muchas pérdidas de dinero.

La falta de un plan y el conocimiento adecuado me llevaron a tener grandes pérdidas económicas, fue más mi entereza y determinación que mi conocimiento y experiencia lo que me llevo a salir adelante, viví en carne propia las pérdidas que me ayudaron a ganar experiencia, aprendí por el camino más doloroso, que se puede aprender, pero eso no lo tienes que hacer tu.

Tú tienes que elaborar un plan y caminar de acuerdo a él, si lo sigues con toda seguridad te llevara al éxito, empezar un negocio sin un plan es como andar a tientas en tu casa en una noche oscura sin una linterna, en momentos que se valla la electricidad, te vas a dar muchos tropezones igual que me paso a mí, debes diseñar un plan con todo lujos de detalles y seguirlo al pie de la letra, pero si necesitas reformularlo por alguna situación, por ejemplo: se venció en plazo para su cumplimiento, hay nuevas tecnologías disponibles, hay crisis económica (inflación o deflación), aumentaron los alquileres, el gobierno aumento o bajo los impuestos, etc. etc. cualquier situación que amerite un cambio de planes oportuno hazlo, tu mejor aliado es el conocimiento, el entrenamiento, los estudios financieros a los que debes estar sometido, recuerda que si quieres cambiar tu realidad tienes que convertirte en la persona capaz de cambiarla, y eso se logra solo con el conocimiento, no es magia ni suerte, la suerte existe y te puede llegar de vez en cuando, pero la buena suerte la creas tú con lo que haces por lo que no tiene límites salvo los que tú te pones.

En resumen si no te gusta quien eres y en consecuencia has creado la realidad de vida que vives actualmente, tienes entonces que hacer un cambio y convertirte en la persona capaz de cambiar esa realidad y sostenerla e incrementarla, porque si pudieras tener otra vida diferente y mejor de la que estás viviendo y no la tienes, quien eres actualmente no la hubiera creado ya?, porque somos producto de lo que pensamos, por ende la realidad de vida que tienes actualmente la has creado tú nadie más, asume tu responsabilidad y comienza a trabajar para cambiarla.

Tienes que estar claro y consciente que si no tienes la vida que deseas es porque quien eres actualmente no es capaz de crearla y mucho menos sostenerla, te voy a poner un ejemplo: Miguel Cabrera es un pelotero Venezolano quien actualmente (2019) juega con los Tigres de Detroit en el mejor béisbol del mundo, es decir en el béisbol de las grandes ligas en los Estados Unidos de Norte América,   este pelotero es actualmente el jugador Venezolano mejor pagado, esa es su realidad actual, pero hace algunos años atrás cuando aún era un jugador de béisbol amateur en su ciudad natal del Estado Aragua Venezuela, tenía otra realidad, otra manera de pensar, esta era que no estaba firmado por ningún equipo `de béisbol profesional de Venezuela y mucho menos de los Estados Unidos.

Entonces que hizo el?, se esforzó lo suficiente, trabajo día a día en desarrollar la mentalidad, los músculos, las condiciones y la habilidad necesaria para alcanzar la realidad de vida que goza actualmente, no sin antes vivir las diferentes realidades que fue creando año tras año, paso a paso hasta alcanzar el nivel que tiene actualmente y que le permitió firmar el contrato más alto en cuanto a dinero se refiere para pelotero Venezolano alguno.

Así funciona la vida, así creamos nuestra realidad de vida, Miguel Cabrera antes de ser un beisbolista profesional trabajo para ello, pero te puedo asegurar que todo comenzó con los pensamientos que llevaba consigo en su interior, con su determinación y constancia, si sus pensamientos hubieran sido por ejemplo ser chofer de autobuses, panadero, abogado, medico etc. te aseguro que Miguel Cabrera no fuera quien es hoy actualmente, fuera otra persona de acuerdo a sus pensamientos predominantes, y en consecuencia tuviera otra realidad, de eso estoy seguro.

Así como Miguel Cabrera alcanzo a ser lo que es hoy actualmente, así mismo somos todos y cada uno de los seres humanos que poblamos este planeta, tenemos lo que nuestros pensamientos predominantes nos dictó, ni más ni menos.

Así como te digo esto, también te digo que cualquier cosa que otro ser humano haya logrado, tú también lo puedes lograr, claro está dentro del rango de la lógica dictada por este mundo físico, por ejemplo: si tú eres mujer, si eres mayor, si estas limitado físicamente para desarrollar cualquier actividad deportiva, etc. Lógicamente que no vas a lograr lo que logro Miguel Cabrera, todo dentro de su género, pero puedes lograr otras cosas que el con todo su dinero no puede lograr.

Lo que te quiero decir con todo esto es que tú puedes lograr todo el éxito que deseas si te lo propones, si no te pones limites, si trabajas con fe, con entusiasmo, determinación, con tesón, las cosas van a llegar no tengas la menor duda.

Existe una realidad que a lo mejor ignoras y es que todo lo que llamamos materia está compuesto de electrones, estos tienen dos particularidades, dos características muy interesantes, estas son que si las observas se convierten en partículas, es decir materia, pero sino las observas son ondas, como las ondas de radio por ejemplo, ahora cual es el observatorio?, el observatorio es nuestra mente, nuestra imaginación, lo que estemos observando allí predominantemente en nuestra mente tarde o temprano se materializara, tarde o temprano tomara forma y vendrá a convertirse en nuestra realidad de vida, porque la vida seguirá nuestros pensamientos, de acuerdo a como pienses así mismo actúas y consecuentemente convertirás en realidad lo que estás pensando, porque como dije antes la acción es el puente que une el mundo material con el mundo espiritual, es decir el mundo inmaterial que está en tu mente, tus pensamientos con el mundo material donde esta materializada valga la redundancia tu realidad de vida.

Esta es la forma que el ser humano crea su realidad, porque crees que los pobres se juntan con los pobres, los ricos con los ricos, los médicos con médicos, abogados con abogados, pordioseros con pordioseros etc. etc. Sencillamente porque piensan de la misma forma, sus pensamientos son muy similares y hacen lo que llaman química es decir se atraen.

Por eso es de suma importancia que te eduques, que te capacites, que te entrenes de acuerdo a tus propósitos, de esta forma cambiaras tu forma de pensar, tu forma de ver las cosas, tus nuevos conocimientos le irán dando forma a una manera de pensar nueva y diferente cónsona con tus propósitos, la cual te llevara a actuar conforme a la misma, dando como resultado la realidad de vida que quieres experimentar, dejando atrás la anterior forma de vida que no te gusta y te llena de infelicidad, de esta manera te iras convirtiendo poco a poco en la persona capaz de producir la realidad de vida que deseas y te mereces, porque al igual que una semilla no nace si previamente no la siembras, así mismo será la realidad de vida que deseas, primero debes plantar en tu mente las creencias, los conocimientos que te harán actuar diferente para que luego puedas materializarlo en el mundo natural, es decir debes de ser capaz de convertir tus pensamientos en realidad, primero debes ser en tu interior la persona que quieres ser en el mundo exterior.

COMO CAMBIAR TUS PENSAMIENTOS

Observa tus creencias, (cualquier creencia es solo un ejercicio) porque crees en lo que crees?, de donde vienen esas creencias que llevas arraigada en tu mente?, te has preguntado alguna vez si es cierta?, si realmente es como te la dijeron?, para tener éxito en la vida tienes que ser analítico, de mente abierta, filtrar todo el conocimiento que llega a tu mente, poner en duda todo hasta que lo compruebes, en otras palabras absorber lo bueno, lo cierto y desechar lo malo lo falso, no hagas como el pichón de paloma, que se traga todo lo que su mama le introduce en la boca sin ver que es, tienes que ser diferente, para obtener resultados diferentes hay que hacer cosas diferentes, por ejemplo: en el béisbol si a un lanzador le están cayendo a palos, es decir lo están bateando con facilidad, que es lo que hay que hacer? por supuesto cambiarlo, si no lo cambias difícilmente vas a ganar el partido, pero si lo cambias y detienes la cantidad de carreras que te están anotando, entonces puedes pensar en ganar el partido, dicen que una de las definiciones de locura es hacer siempre lo mismo y esperar resultados diferentes.

Te contare un cuento a cerca de los orígenes de los paradigmas de las absurdas creencias que están arraigadas en nuestra mente y peor aún en la sociedad, para que te des cuenta porque debemos poner en duda todo hasta comprobarlo, mira que no te estoy diciendo que lo deseches, que digas que nos es cierto, porque eso es tan malo o peor que creerlo sin comprobarlo, vamos a la anécdota: un joven le pregunto a su mama: mama porque para freír el pescado le cortas la cola y la cabeza? la mama del joven le dijo, no se así me enseño mi mama pregúntale a tu abuela, por lo que el joven le pregunto a su abuela: abuela porque le cortas al pescado la cabeza y la cola para freírlo? Su abuela le dijo, no se así me enseño mi mama, pregúntale a tu bisabuela que todavía vive, el joven llego a casa de su bisabuela y le pregunto: abuela porque le cortas la cabeza y la cola al pescado para freírlo? Bueno hijo contesto la viejita, cuando tu abuelo traía pescado a casa y quería comer pescado frito, yo tenía que cortarle la cabeza y la cola porque el sartén era muy pequeño y no cabía, no tenía un sartén más grande.

Así como esta creencia absurda hay muchas más, otras por ejemplo es la extendida creencia del papa como sumo pontífice, la palabra sumo pontífice significa máximo puente, y hace referencia a que este señor es el máximo puente, el puente más grande, como si existieran otros más pequeños entre Dios y el hombre, cuando La Biblia dice claramente **<u>1 de Timoteo 2:5</u> Porque hay un Dios, asimismo un mediador entre Dios y los hombres, Jesucristo hombre;** Esto se debe a que lo escuchan decir de otras personas, las noticias, la tv etc. y lo creen sin siquiera cuestionárselo, sin confirmar si es verdad o mentira, sencillamente lo creemos sin más, esto es una mala costumbre que tiene la mayoría de las personas, pero tú no tienes que ser como la mayoría, de hecho tienes que ser diferente, porque si no fuera así todo el mundo fuera emprendedor y lamentablemente no lo son.

Otra creencia arraigada en la costumbre de la gente era que anteriormente todos los barcos eran construidos de madera, porque observaron que la madera no se hundía en el agua, por lo tanto pensaron que los barcos debían ser construidos de madera, si querías que un barco flotara debías construirlo de este material, no se cuestionaban, no investigaban, sencillamente lo daban por cierto y construían los barcos de madera, hasta que con el paso del tiempo descubrieron que la ley de la flotación no tenía que ver con el material de que fueran construidos los barcos, si no con la cantidad de agua desalojada en el espacio creado dentro del barco, fue entonces cuando se comenzaron a construir los barcos de acero.

Debemos cuestionar y poner a prueba todas nuestras creencias, confirmar si en realidad son ciertas, si son producto de una costumbre, de lo que escuchamos o una tradición, en la medida que hagamos esto nuestras creencias cambian y por ende nuestros pensamientos y consecuentemente nuestras acciones, que a su vez producirán resultados, estos resultados son nuestra realidad de vida, es decir la vida que estamos viviendo, por lo tanto si no te gusta lo que estás haciendo tienes que cambiar tu manera de pensar, para que cambie tu manera de actuar.

El ya extinto Wayne Dyer lo resumía así: si tu cambias el modo de mirar las cosas, las cosas que miras cambian, esto tiene bastante sentido para mí, ya que es lo mismo por ejemplo: (llevándolo al terreno de la relatividad), que una persona asista a una fiesta o una celebración, y desde que llega a la misma se sienta por allá en un rincón apartado de todos y mirando hacia los baños ensimismado, si al otro día le preguntas a esta persona como estuvo la celebración?, te va a decir seguramente que estuvo aburridísima, que no le gusto, que si hubiera sabido eso no hubiera ido etc. etc. Pero si en cambio en la misma reunión hubo otra persona que decidió tomarse unas copas, bailar, charlar amenamente, comer unos bocadillos, seguramente esta persona te va a decir que la fiesta estuvo genial. Lo ves? Las dos personas fueron a la misma fiesta, pero uno decidió aburrirse y el otro decidió disfrutar, es decir los dos miraron las cosas de diferente manera, por lo tanto hicieron conclusiones diferentes sobre una misma cosa.

El mismo caso es el ejemplo mundialmente conocido del vaso de agua medio lleno o medio vacío, esto pasa porque algunas personas que miran este vaso, lo ven lleno solo hasta la mitad, solo se concentran en las consecuencias negativas del hecho en cuestión, y comienzan a ver las consecuencias negativas de este hecho, y solo piensan en que pronto se va acabar, no se enfocan en el lado positivo de las cosas, pensando que el vaso en lugar de acabarse podría llenarse nuevamente, también las personas que han sido muy sanas durante toda su vida, de pronto van al médico por cualquier chequeo general, y les consiguen algo malo, un cáncer por ejemplo, entonces se enfocan en la parte negativa de la enfermedad y terminan adelantando su muerte, por el enfoque que le pusieron con sus pensamientos, si en cambio se hubieran puesto a mirar el lado positivo de las cosas pensando por ejemplo que bueno que se haya hecho el chequeo médico porque de esta manera podía ponerse en guardia a tiempo y comenzar a tratarse y vencer esta enfermedad, que de lo contrario hubiera seguido avanzando.

Tratare de explicarte como se forma una creencia basado en los pensamientos, las creencias se forman dentro de nosotros a nivel neuronal, imagínate que las neuronas son manos, si imagina que las neuronas son millones de microscópicas manitos independientes la una de la otra que están dentro de nuestro cerebro, cada uno de los deditos que componen estas manitos son terminales nerviosas, estos deditos no todos a la vez comienzan a crecer dependiendo del aprendizaje de cualquier cosa que vamos adquiriendo, por ejemplo cuando éramos niños y estábamos aprendiendo las tablas de multiplicar, en la medida que repetíamos el estudio de las mismas algunos de estos deditos comenzaban a estirarse tanto hasta que se conectaban entre sí, esta conexión es conocida científicamente como sinapsis, en ese momento de la conexión se produce el aprendizaje, este aprendizaje queda almacenado en la parte del cerebro conocida como hipotálamo, este funciona como una especie de depósito de memoria o información temporal, información esta que es distribuida a otras regiones del cerebro dependiendo de si continuas estudiando las tablas de multiplicar o no, si la continuas reforzando el hipotálamo la enviara a la corteza cerebral, allí en la corteza cerebral esta toda aquella información de acceso rápido a la que tenemos disponibilidad inmediata, como nuestro nombre, el nombre de tu papa tu mama etc. en fin toda aquella información que nunca olvidaremos, pero sí en cambio dejas de estudiar las tablas de multiplicar, el hipotálamo la retendrá por un tiempo no muy largo que dependerá del enfoque que le hayas puesto a la hora de estudiar, luego del cual la enviara a otra región del cerebro, la conexión que ya se realizó no desaparecerá, pero quedara en desusó hasta que vuelvas a empezar a estudiar luego del cual el proceso será más rápido ya que hay una conexión establecida que antes no existía.

No te parece maravilloso este proceso de aprendizaje que tenemos, ya conociendo esto podemos recrear en nuestra mente a través de la imaginación, la vida que deseamos, podemos cambiar nuestros pensamientos negativos por pensamientos positivos, crear una rutina diaria de dos o tres pensamientos repetitivos que trate de lo mismo, que sean similares, puede ser de prosperidad, éxito, dicha, abundancia, felicidad, armonía etc. etc. y cualquier pensamiento positivo hasta establecer una conexión tan fuerte entre las neuronas que este aprendizaje sea transferido a la memoria de acceso rápido que está ubicada en la corteza cerebral, luego que este allí puedes imaginar otra sesión de pensamientos hasta lograr el mismo resultado, y así sucesivamente vas haciendo sesiones de pensamientos similares para lograr la vida que deseas, en Amazon tengo varios libros de Afirmaciones positivas que te podrían ayudar en este proceso, puedes empezar comprando uno y elegir unas dos o tres afirmaciones que traten de lo mismo, y al mismo tiempo que las vas repitiendo en voz alta o en tu pensamiento, la vas imaginando, esto es importantísimo, es fundamental, tienes que hacerlo conscientemente, debes pensarlo al mismo tiempo que lo dices, de esta manera los terminales nerviosos de las neuronas crecerán hasta formar la conexión entre ellas llamado aprendizaje o sinapsis, y pase a formar parte de la corteza cerebral y nunca lo olvides, te pongo un ejemplo: yo siempre estoy diciéndome a mismo que estoy sano, cien por ciento sano, y es así como siempre me siento, cuando en mi casa alguien se enferma de gripe por ejemplo, yo refuerzo esta creencia, aunque los síntomas por momentos parece que me vencerán, yo no dejo de repetir la afirmación de que estoy sano cien por ciento sano, lo repito tantas veces que cuando vuelvo a ser consciente de la situación recuerdo que no tengo ningún síntoma, y si llega a darme gripe, (porque te mentiría si te digo que nunca me da gripe), esta es demasiado leve, y no dura más allá de dos días.

En estos momentos que estoy contándote esto, estoy recordando que anteriormente hace ya muchos años y que por supuesto no sabía nada de afirmaciones positivas, que nuestros pensamientos crean nuestra realidad, como se forma una creencia, memoria de corto, mediano y largo plazo, nada de esto, cuando a mí me comenzaba la gripe, siempre terminaba pasando a mi garganta poniéndome afónico por varios días, esto debido al conocimiento y puesta en práctica del mismo, hace ya mucho tiempo que no me sucede, mientras que el resto de mi familia, que no son pocos, viven capturando cuanto virus este en el ambiente, a mí no me pasa nada, siempre dicen ese virus está dando, a fulanito y a fulanita les dio, siempre le dan protagonismo a cualquier virus que este de modas, yo respiro el mismo aire contaminado que ellos, como bebo y utilizo los mismos utensilios de cocina que ellos, pero yo permanezco sano incólume, reforzando más cada vez mi creencia, esto es porque mi mente está programada a través de la repetición para defenderme de cualquier enfermedad, yo no tengo que hacer nada ya más allá de reforzar mis creencias mi cuerpo obedece a lo que creo.

Estos son los libros de Afirmaciones positivas que encontraras en Amazon, hay muchos más de otros autores y tú eres libre de elegir, pero sea lo que sea que elijas no dejes de hacerlo, y cuando lo hagas recuerda que tiene que ser de forma consciente, sin distraerte para nada, para que funcione y logres los mejores resultados posibles y vivas la vida que mereces, no te conformes con menos.

-La Ley de la Atracción.
-1000 Afirmaciones Universales positivas de La Ley de la Atracción.
-1000 Afirmaciones Cristianas Positivas de la Ley de La Atracción.
-1000 Afirmaciones Universales positivas de La Ley de la Atracción.2
-1000 Afirmaciones Universales Positivas de La Ley de La Atracción. 3
-Las Mejores 100 Afirmaciones de la Ley de La Atracción.
-Las Mejores 100 Afirmaciones Positivas Para La Prosperidad y La Abundancia.

La lectura reiterativa del contenido de estos libros formara dentro de ti pensamientos diferentes que finalmente te harán actuar diferente y crearan la realidad de vida que deseas, solo depende de ti, tú eres el creador de tu destino, de tu realidad, nadie más, tú tienes el poder de transformar tu vida si te lo crees, si te lo propones.

Trabaja arduamente con amor, paciencia y perseverancia y lo lograras, no mires atrás al qué dirán las demás personas, tu vida no depende de ellas, ellas no te dan dinero, no te mantienen, no te dan nada excepto críticas, mira hacia delante, mira lo que puedes lograr, mira en lo que te puedes convertir, y te convertirás sin duda alguna.

El conocimiento y la capacitación que formes dentro de ti te convertirán en la persona capaz de convertir la realidad de vida que desees, en la página siguiente encontraras unas imágenes donde podrás observar como las neuronas en nuestro cerebro se van acrecentando en la medida que nuestro conocimiento y aprendizaje va en aumento.

Observa en estas imagen como van creciendo los terminales nerviosos neuronales en la medida que el aprendizaje se va efectuando, este este es un proceso que no se detiene nunca, en la medida que vas aprendiendo ellos van a ir creciendo y ramificándose, haciendo nuevas conexiones cada vez, que te convertirán en la persona capaz de atraer y producir la realidad de vida que deseas, esta es una excelente noticia porque tú puedes convertirte en la persona capaz de producir la realidad que quieres en tu vida, solo de ti depende y de nadie más.

Aquí puedes notar que poco a poco las ramificaciones neuronales se van produciendo en la medida que te vas capacitando, en la medida que vas estudiando, por consiguiente este proceso no se detiene nunca, es decir que no tiene límite alguno.

Entre más te capacites más moldearas una nueva forma de pensar diferente capaz de producir la realidad de vida que quieres y te

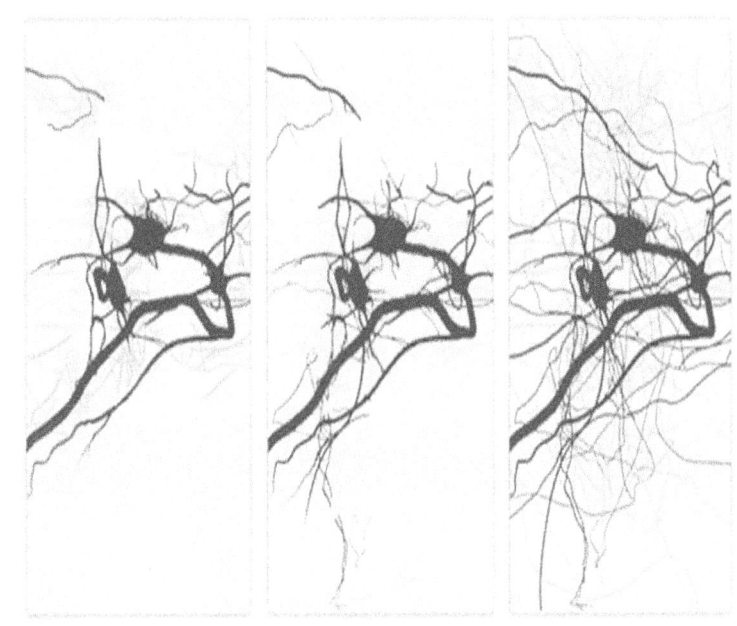

mereces, pero debes ser paciente, consciente y perseverante, poco a poco todo el conocimiento y aprendizaje si eres constante ira formando parte de la memoria de acceso rápido, es decir tu corteza cerebral, allí lo tendrás a mano a la hora que quieras acceder a él para actuar y producir los resultados que deseas   en   tu   vida.

LEY DE LA CREACION

La ley de la Atracción, la muy bien conocida ley que dice que nosotros atraemos todo aquello a lo que le prestamos enfoque, yo más bien la llamaría la ley de la creación, porque somos semejantes a Dios y al igual que Él pero a pequeña escala, somos creadores, si es cierto somos creadores, llevamos en nuestra naturaleza esa semejanza a pequeña escala con Dios, por lo tanto podemos crear nuestro destino de forma consciente, porque es un hecho que la hemos creado hasta ahora pero de forma inconsciente, es decir por defecto, o también se podría decir que nos hemos dejado llevar hasta el día de hoy de aquí para allá y de allá para acá por las circunstancias, por las situaciones, al igual que una hoja se deja llevar por el viento, pero a diferencia de las hojas que se dejan llevar por el viento, quienes no pueden hacer nada para cambiar esa situación, nosotros si podemos hacer algo, nosotros si podemos cambiar la situación para que el viento no coarte nuestra voluntad, nosotros a diferencia de las hojas, tenemos inteligencia, tenemos consciencia, por lo tanto podemos hacer algo para cambiar la situación, salgamos de la errónea idea que nuestro destino está escrito, que nada aparte de cumplir con el podemos hacer, no SEÑOR eso es completamente falso, si fuera así Dios no se hubiera molestado en crear la máquina más perfecta del universo y darle libre albedrio, como lo es el cuerpo humano y mucho menos para dejar que se llevará por las situaciones de la vida sin hacer nada, como nada puede hacer una hoja frente al viento.

Es una gran ofensa a Dios y un gran desperdicio de parte nuestra no hacer nada, habiendo hecho El esta maravillosa máquina llamada cuerpo humano y no crear nuestro destino, es una gran falta de respeto de proporciones descomunales a nuestro SEÑOR.

Así que lo menos que podemos hacer es ponernos a trabajar conscientemente en crear nuestro destino, nuestra nueva realidad de vida, y dejemos de una vez por todas de sub utilizar todas nuestras capacidades, honrando de esta manera y siendo un digno representante de nuestro creador aquí en la tierra, seamos consciente de una vez por todas que somos agentes de cambios, es decir que podemos cambiar todo lo que no nos gusta y cambiarlo por algo que si nos gusta.

La gran mayoría de los seres humanos no tienen ni la más mínima idea de la gran complejidad que hay detrás de solamente una función del cuerpo humano como por ejemplo sudar, no saben ni remotamente todas las diferentes condiciones que el cerebro a través del cuerpo humano tiene que recrear para que se produzca una gota de sudor, y mucho menos que el sudor es sólo una de las millones de funciones que realiza el cuerpo humano, y no sólo eso, lo hace todo al mismo tiempo, conociendo tan solo un poco de esta verdad llegaríamos a la conclusión que cada segundo de nuestra existencia es un milagro de Dios.

Sólo por nombrar algunas funciones del cuerpo humano, este puede respirar, sudar, pensar, digerir alimentos, ir al baño, eliminar toxinas, hacer un nuevo cuerpo humano y una larguísima e interminable cadena de etc. Y todo al mismo tiempo, no es sorprendente esto, no es increíble?, nada de esto requiere de nuestra atención para que funcione, Dios en su infinita sabiduría introdujo todo lo necesario para que todo funcione correctamente, en perfecta armonía y sincronización, convirtiéndose de esta manera en la maquinaria más perfecta del universo conocido, sin que requiera de nuestra atención, al no requerir nuestra atención podemos dedicarnos a crear la realidad de vida que deseamos vivir.

Un ejemplo de que somos seres creadores y que no cumplimos un destino ya escrito aquí en la tierra, es precisamente nuestro cuerpo humano, este lo hizo Dios perfecto para que cumpliera con todas sus funciones sin que nosotros tengamos que intervenir, pero sucede que el cuerpo humano se enferma, padece infartos, diabetes, obesidad etc. entonces Dios creo imperfecto el cuerpo humano?, ¡no nada de eso!, ninguna de estas enfermedades, ni ninguna otra las creo Dios.

El Señor diseño el cuerpo humano para recibir los alimentos adecuados y no solo eso sino que proporciono en la naturaleza estos alimentos para que el cuerpo humano funcione correctamente, pero nosotros con nuestra capacidad de cambiar las cosas con nuestro libre albedrio hemos creado nuevos alimentos derivados de los que Dios proporciono en la naturaleza, hemos industrializado todos los alimentos que la naturaleza produce por si sola para el correcto funcionamiento del cuerpo humano, trayendo consigo consecuencias negativas para el mismo, este fue diseñado por Dios para procesar correctamente los alimentos que Dios mismo proporciono en la naturaleza, por ejemplo: todos los granos que consumimos en nuestra alimentación como el arroz, maíz, caraotas, ajonjolí, garbanzos etc. vienen de forma natural forrados por una especie de pergamino llamada fibra, esta al ser consumida no puede ser descompuesta por los jugos gástricos que segrega el estómago para digerir los alimentos, por lo que pasa del estómago a los intestinos sin ser digerida por el mismo, además de proporcionar otra gran cantidad de beneficios que aquí no nombrare ya que no es el propósito de este capítulo.

La industrialización ha permitido que básicamente consumamos los alimentos pre digeridos, ya que está en su proceso de producción elimina ese pergamino que cubre el grano, causando que este entre en nuestro estomago digerido a medias, una condición para lo que el cuerpo humano no fue diseñado, trayendo como consecuencia que nuestro estomago en el caso de los carbohidratos que proporcionan estos granos sean leídos por nuestro organismo como azúcar, ya que en eso convierte nuestro organismo los carbohidratos para convertirlos en grasa que a su vez es el combustible que utilizan los músculos para mover el cuerpo, haciendo que haya un aumento en las enfermedades principalmente la diabetes con todas sus consecuencias, de manera que hemos sido nosotros quienes hemos abierto la puerta a las enfermedades con nuestras acciones, y no un mal diseño de Dios en nuestro cuerpo, y no porque si lo consumiéramos de la forma más natural posible no fuera un carbohidrato, o nuestro organismo no lo leyera como azúcar, si no que este pergamino en su paso por el estómago en el proceso digestivo protege al grano de ser consumido totalmente por los jugos gástricos del mismo, trayendo como consecuencia que nuestro organismo tenga menos carbohidratos para leerlos como azúcar.

Esto demuestra que somos nosotros y nadie más con nuestro libre albedrio los creadores de nuestro destino, así como podemos influir y modificar el correcto funcionamiento del cuerpo humano, también podemos influir para modificar para mejor nuestra realidad de vida, pero ojo lo contrario también es cierto, así que no es que estemos predestinados, démosle a ese libre albedrio del que gozamos el uso necesario para construir conscientemente la vida que deseamos vivir.

Deberíamos sentir vergüenza al dejar pasar el tiempo sin hacer nada, como nada hace una hoja frente al viento, no te parece que si algo pudiera hacer esta frente al viento no lo haría? seguro estoy que sí, seguro estoy que la hoja de poder hacer algo hace tiempo lo hubiera hecho, seguro estoy ya que Dios nos creó con todas esas capacidades es para que las usaremos en nuestro favor y el de nuestros semejantes, no para que nos dejáramos llevar como las hojas por el viento

Dios nos creó con la capacidad de crear las circunstancias necesarias para vivir una vida plena de felicidad, nos creó con la capacidad de ser los creadores conscientes de nuestra realidad, si no fuera así no nos hubiera dado todas las facultades que tenemos, si no fuera así nos hubiera creado como los animales quienes literalmente dependen del entorno, no de sí mismos, al menos no de forma consciente.

Nosotros los seres humanos, somos la única especie sobre la faz de la tierra capaz de crear su destino a voluntad, es decir conscientemente, pero en cambio nos dejamos abatir con facilidad por el entorno, somos como el barro en manos de las circunstancias, literalmente nos acostumbramos a lo que creemos es el cumplimiento de nuestro destino, y entre más suframos mejor, más dignos de Dios somos, nos dejamos confundir con facilidad y permitimos que la situación, las circunstancias dicten el camino a seguir, dejamos que estas sean nuestro guía en la vida, dejamos que están nos mantengan atado a una vida que no nos gusta, y por ende existimos, no vivimos, somos una estadística más, un número de identificación más dentro de un país, dejamos que el entorno nos influya en lugar de influir nosotros en él, ya que somos la creación rey de Dios, nos conformamos con una vida mediocre, una vida sin sabor, sin alegría, en lugar de trabajar inteligentemente por una mejor vida, una mejor situación, deshonramos a Dios con esta actitud pasiva y conformista, no somos dignos representantes de la más alta y digna creación de Dios en la tierra.

Pero ya es hora que esta situación cambie, es hora de que despertemos, es hora que tomemos el control de nuestro destino, es hora que nos convirtamos en los gerentes de nuestras vidas, y vallamos a donde nosotros con nuestras acciones consciente queramos, ya basta de dejarnos llevar sumisamente, como si fuéramos una cosa, un objeto sin voluntad, es hora de pararnos firmes delante de la situación, de las circunstancias y decir: ya basta, hasta hoy permití que tú quieras dirigir mi destino, hasta hoy permití que tu gobernaras mi vida, ha llegado la hora de hacer un cambio, y ese cambio lo voy a realizar hoy mismo, desde hoy yo mando, yo tomo las riendas, yo dirijo mi vida, y si me equivoco no importa porque sé que siempre podré corregir mi destino, si tropiezo y me caigo no importa porque sé que siempre podré volverme a levantar y continuar, y continuaré sin desmayar, sin desanimarme hasta lograr la vida que merezco, hasta ser un digno representante de la máxima creación de Dios en la tierra, quiero que mi SEÑOR este orgulloso de mi y no ser como el siervo infiel que no aprovechó los talentos que Dios le dio, quiero ser como ese siervo bueno y útil que aprovechó todos los talentos que Dios le dio y los multiplicó, porque hoy descubrí el gran potencial que tengo para lograrlo, hoy descubrí que yo soy ese siervo fiel y justo a quien Dios dio esos talentos, sólo tengo que multiplicarlos para que mi SEÑOR se agrade de mí

Tienes que convertirte en la persona capaz de lograr la vida que deseas, facultades tienes de sobra, talentos no te faltan, sólo tienes que estar dispuesto a desarrollarlos, tienes que estar dispuesto a capacitarse día a día para lograr los objetivos que deseas, te sorprenderás de lo que puedes lograr al poco tiempo de haber empezado, te sorprenderás de tu gran potencial cuando lo pongas a prueba, te darás cuenta del ilimitado potencial que tiene tu mente cuando comiences a llenarla de conocimiento de información, cuando tengas tiempo entrenándote en el conocimiento de lo que elegiste ser, quedaras sorprendido con todo lo que entenderás, te darás cuenta que estabas comiendo algarrobas, comida para cerdos en lugar de comer manjares, entenderás que figuradamente estabas saliendo a trabajar a pie, en transporte público en lugar de sacar tu vehículo último modelo que no sabías que tenías para ir a trabajar, también entenderás entre muchas otras cosas que estabas desperdiciando la mayor fortuna que un ser humano puede tener: su potencial ilimitado para ser el creador de la realidad de vida que desea y que no sabía que podía lograr.

El cerebro humano es la máquina más perfecta y noble del universo, una máquina digna representante de su creador, esta máquina es capaz de cambiarte la vida para mejor, pero ojo lamentablemente lo contrario también es cierto, tú le introduces información y ella te la devuelve con una plusvalía agregada, entre más información le introduces, más plusvalía agregada te devuelve, ya que la información es la materia prima que utiliza esta maravillosa máquina para funcionar, con ella las neuronas del cerebro construyen nuevas conexiones para producir nuevos pensamientos , razonamientos, comparaciones etc.

El cerebro es el soporte físico de la mente y es a su vez la capacidad de pensar, razonar, ordenar ideas, crear relaciones entre ellas, concebir cosas, ver con y más allá de los sentimientos, es inteligencia y convierte los conocimientos en sabiduría, recuerdos y experiencias.

Aquí para que puedas entender un poco más con respecto al cerebro y su protagonismo en las relaciones de mente, alma y conciencia he tomado un pequeño artículo de un blog en internet de DR. ANTONIO ALZINA FORTEZA.

EL CEREBRO MENTE Y LA CONSCIENCIA

A medida que la ciencia avanza en sus descubrimientos o redescubrimientos, se hace más notable el papel del cerebro en sus relaciones con las facultades mentales y con ese tiempo-espacio llamado conciencia, que sigue siendo un maravilloso enigma a descifrar.

En primer lugar, queremos destacar las diferencias que vamos a establecer en este trabajo entre estos tres conceptos, cerebro, mente y conciencia, aunque habitualmente, y por desconocimiento o comodidad, se suelen emplear como sinónimos.

El cerebro es el soporte físico a través del cual se objetivan las funciones de la mente, y se expresan, según los casos, diferentes grados y profundidades de conciencia.

La mente es la capacidad de pensar, razonar, ordenar ideas, crear relaciones entre ellas, concebir cosas, ver con y más allá de los sentimientos.

La conciencia es el amplio campo de acción en el que se mueve la mente, aunque también intervienen las impresiones y percepciones físicas, las emociones, las intuiciones, el mundo de la imaginación y las experiencias metafísicas. Es todo un universo que se apoya en la materia, pero se amplía hasta planos inconcebibles.

Los tres conceptos van unidos tanto como lo está la materia a la idea y al espíritu, o en otras palabras, la materia a la energía y al alma, relacionándose en diferentes grados de sutileza y amplitud de acción.

El cerebro es el órgano más complejo del cuerpo humano. Tiene unos treinta billones de células llamadas «neuronas», y cada neurona es como una computadora en miniatura, aunque mucho más perfecta que cualquiera de las que conocemos en la actualidad.

Considerando la cantidad de conexiones que se produce entre las neuronas, obtendríamos, en capacidad, todos los textos contenidos de todas las bibliotecas que hay actualmente en el mundo.

La capacidad de cómputo del cerebro, tomando la sinapsis como un código binario de información, sería del orden de los 100 millones de megabits.

El cerebro se convierte en el receptáculo de la mente,

entendiendo que la mente puede percibir tanto el cuerpo al que pertenece como el mundo circundante en el que se manifiesta.

Sin embargo, y pese a su gran capacidad, el cerebro es nada más que un órgano material, perfecto en su estructura y función, pero reducido en comparación a otros aspectos del hombre, se llamen como se prefiera: energía o alma, porque ningún científico puede dejar de reconocer que el solo funcionamiento de las neuronas es insuficiente para explicar las posibilidades de expansión que tiene el ser humano.

Como dijera alguien:

... ¡Gracias, Señor, por mi cerebro!... Entre todos los científicos del mundo no han podido hacer ni siquiera uno solo de mis cabellos...

Es curioso encontrarnos habitualmente con definiciones tales como que la mente es la potencia intelectual del alma.

De este modo, el potencial intelectual se relaciona más con el alma que con el cerebro.

No se trata, pues, de buscar una mayor cantidad de circunvalaciones ni de centros cerebrales, sino una mayor amplitud en el alma.

También se relaciona la mente con otras facultades superiores, como el propósito y la voluntad. Así entendido, si dependiera del órgano cerebral, todos los seres humanos tendríamos la misma claridad de propósitos y la misma voluntad para realizarlos. Pero, sin embargo, no es así.

Cuando la mente se une a la voluntad, supera su apoyo físico cerebral, y se eleva hacia mayores opciones en múltiples ámbitos.

Mente es también conocimiento, y sobre todo, capacidad de conocimiento. Es lo que la ciencia actual investiga en el terreno del aprendizaje.

Mucho más extensa que la mente, se dice que la conciencia es una propiedad del espíritu humano.

Esta es la que permite un conocimiento reflexivo de nosotros mismos, de nuestras aptitudes y posibilidades. Descubre cambios interiores y descubre el mundo exterior dándole cabida en la propia e íntima subjetividad.

Si la mente es una potencia del alma, la conciencia es el alma misma, a falta de mejores términos para explicar la semejanza que hay entre el ser humano y el universo. La conciencia hace que el hombre sea y se sienta parte del universo.

RELACIONES ENTRE CEREBRO, MENTE Y CONCIENCIA

Hay un sinfín de relaciones importantes a señalar porque estamos ante una tríada inseparable.

Tal vez las más interesantes a nivel científico deban apoyarse en el cerebro, porque este órgano tan específico de los humanos, aunque compartido en parte con el reino animal, nos ofrece en la actualidad explicaciones que no se habrían soñado siquiera hace un siglo.

LA EDUCACIÓN FINANCIERA

Si hay algo que se debe convertir si o si en una prioridad en tu vida es la capacitación, el entrenamiento, la educación financiera, esta hará que salgas adelante, esta hará que progreses más cada día, esta hará que tu ritmo de crecimiento se acelere, esta ha sido siempre la verdadera y honesta clave para prosperar efectivamente, siempre podemos avanzar más, decía Jim Rohn quien en vida fuera un gran pilar del desarrollo y crecimiento personal, que siempre podemos avanzar más porque siempre podemos aprender más, los límites no existen, salvo los que tú te pones en tu mente, nuestros resultados bien sean buenos o malos no son más que un reflejo del conocimiento que está en tu interior, tus buenos resultados es directamente proporcional al conocimiento que está dentro de ti sean buenos o malos , es decir buenos resultados es producto de buen conocimiento y malos resultados es producto de malos o deficientes conocimientos, entre más conozcas entre más te capacites más avanzaras y serás menos dependiente, lo contrario también es cierto entre menos conozcas menos avanzaras y por lo tanto serás más dependiente, dependiente de la empresa, dependiente de la situación, dependiente de los cambios económicos etc. así que si quieres ganar más y ser completamente independiente tienes que prepararte más y mejor.

La pobreza es sinónimo y un reflejo a la vez de la falta de conocimiento financiero, tanto la riqueza como la pobreza son estados mentales que están dados y directamente relacionados con el conocimiento que está en tu mente y lógicamente se manifestara en tu vida, la una o la otra dependiendo de qué es lo que está dentro de ti.

Podemos decir entonces que la pobreza es falta de ambición (ambición sana), falta de sueños, falta metas, propósitos etc. la pobreza es el resultado del conformismo y la mediocridad y esta última es la hija mayor de la falta de educación financiera, si quieres prosperar sin límites tienes que prepararte sin límites, actualizándote constantemente y estar al tanto de las nuevas tendencias financieras, ya que el mundo, las situaciones son cambiantes, las tendencias financieras no son la excepción por lo que debes estar en constante aprendizaje, surfear la ola de los nuevos conocimientos, sin quedarte atrás, ir siempre adelante en sintonía con los nuevos cambios financieros y preparándote constantemente.

Proverbios 24:33-34 Un corto sueño, una breve siesta, un pequeño descanso, cruzado de brazos… ¡y te asaltará la pobreza como un bandido, y la escasez, como un hombre armado!

Los pobres no sólo duermen 8 a 10 horas por las noches, también duermen cuando ven películas, telenovelas, noticias en la tv basura, tv que no ayuda que no edifica, por el contrario los ata más aún a la pobreza, viendo tanta tv basura da como resultado que pierdas el tiempo, y tiempo perdido se traduce en pobreza, la tv basura te mantiene atado a todas estas cosas negativas que dan como resultado pobreza, más si tomamos en cuenta que si son novelas, por ejemplo: están llenas en su mayoría de tramas negativos como el sexo fuera del matrimonio, drogas, prostitución, mentiras

La Carrera De la Rata y Como Salir de Ella

entre otras cosas negativas, si son películas la gran mayoría son de contenido violento, corrupción, drogas, sexo, crímenes de todo tipo y ni hablar de los noticieros, donde más del 90 % del contenido informativo también es negativo, (lavado de dinero, narcotráfico, muerte, crímenes, violencia, guerras, corrupción etc. etc.) en esto se la pasa la gente pobre, las estadísticas muestran que la gente que más se enferma son precisamente los más pobres, donde te aseguro que esta tendencia en los mismo, tiene su gran cuota de responsabilidad en las constantes enfermedades que padecen.

La pobreza es un hábito, es una manera de pensar, también por supuesto una maldición, que te mantiene atado paralizado para poder vivir la vida que deseas, te impide realizarte como persona y hacer lo que verdaderamente amas, los pobres duermen 8 horas al día y tienen 8 horas de trabajo, total 16 horas al día, o mejor dicho 18 horas porque te tardas 1 hora en promedio en ir y venir al trabajo, y 1 hora de descanso, total te la pasas 10 horas diarias haciendo lo que no te gusta para poder hacer la vida que te gusta, pero que finalmente no lo haces porque no te alcanza o no tienes tiempo, así que tu vida se convierte en un círculo vicioso que **Robert Kiyosaki** otro gran referente del desarrollo personal y financiero, llamo la carrera de las ratas, esta consiste en una rata metida en una jaula en forma de círculo, colocada de tal manera que gire sobre su mismo eje como lo hace la rueda de una bicicleta.

Esta jaula tenía un trozo de queso donde la rata corría y corría atrás de él y nunca lo alcanzaba porque este se movía proporcionalmente al paso de la rata para alcanzarlo, es decir entre más duro corría la rata, igual velocidad se movía el queso, ya que eran sus propios pasos para alcanzarlo lo que lo movía hacia adelante.

Así mismo es la vida el pobre, una monotonía, levantarse temprano todos los días para ir a trabajar y regresar 8 a 10 horas después a su casa para luego al otro día hacer lo mismo, y así todos los días durante toda su vida, y lo peor de todo es que no hacen nada para cambiarlo, son como los elefantes de circo, que están atados a una estaca que con un solo movimiento podrían sacarla y librarse de ella, pero no lo hacen porque están programados, su mente no sabe que puede huir cuando quiera, su mente fue condicionada desde pequeño cuando aún no tenía fuerzas para

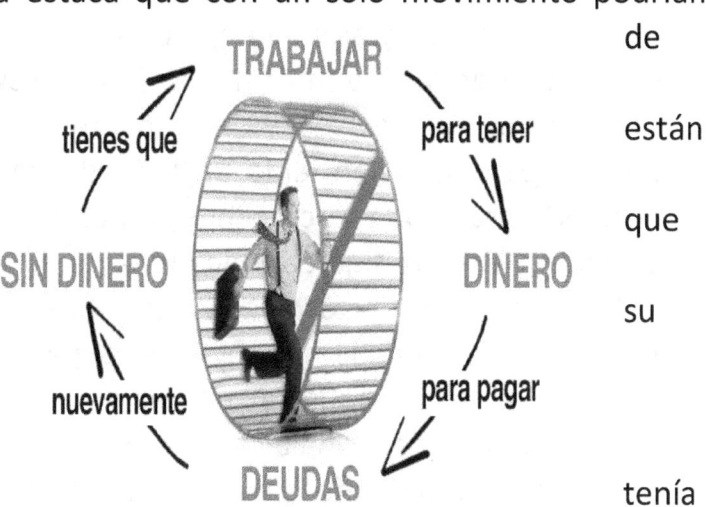

arrancar esa estaca, lo intentaba y lo intentaba pero no podía, lo intento tantas veces pero nunca pudo, esto lo llevo a crear una programación dentro de su cerebro que le decía que no podía y por eso ya no lo intenta, lo puedes atar a un árbol y lo arrancara de raíz y escapara, pero una estaca lo paraliza y esto es porque cree que no puede, la programación mental a la que fue sometido desde pequeño lo paraliza, no sabe que un árbol es mucho más fuerte que una estaca enterrada en la arena.

Así mismo actúan los pobres, viven condicionados por una programación mental que recibieron desde pequeños, bien intencionada de sus padres familiares y figuras de autoridad como maestros, amigos de la familia etc. lo hacían con todo el amor el mundo, pero lamentablemente equivocados, al igual que equivocado está el elefante cuando lo atan a una estaca, así mismo está el pobre cuando no cree que puede salir adelante capacitándose efectivamente, en cambio pierden el tiempo viendo televisión y durmiendo más de la cuenta cada día, su vida transcurre entre el trabajo, y la distracción, como cine, rifas, juegos de azar bebidas alcohólicas etc.

Los hábitos de los pobres es ver películas, novelas, noticias etc. es decir que mientras el pobre se entretiene, el que más tiene se entrena se educa, se informa, se forma, regularmente los pobres tienen un gran televisor y una biblioteca pequeña, la mayoría de los pobres nunca han leído un libro de finanzas personales o un libro de auto ayuda o crecimiento personal o motivación muchas veces no tienen ni siquiera una Biblia.

Mientras la pobreza dice no hay dinero, el progreso dice hay trabajo, cualquier tiempo es bueno para la persona que sabe trabajar, la persona que sabe trabajar no experimenta pobreza, la persona que sabe trabajar no experimenta la falta de dinero, ni tampoco la falta de ideas para producirlo y multiplicarlo, el dinero no es escaso para la persona que sabe trabajar.

Los de mente pobre dicen no hay trabajo, puede ser que en un momento determinado tu no consigas trabajo, pero eso no quiere decir que no hay trabajo, si tu estas sin trabajo y duermes 8 horas al día, debes dedicarle por lo menos 8 horas diarias a buscar trabajo y si duermes 9 o 10 horas al día, por lo menos esas mismas horas debes dedicar a buscar trabajo, para que veas que rápidamente vas a estar empleado, trabajo hay, mientras hayan ideas, mientras haya necesidades que cubrir hay trabajo, allí hay riquezas que generar, hay progreso, hay abundancia, hay bienestar, hay prosperidad.

En todo el mundo hay dinero, el dinero simplemente cambia de bolsillo, cambia de cuenta bancaria, el dinero es como la sangre debe estar en constante movimiento para producir vida.

El dinero al moverlo produce riquezas, bienestar prosperidad, abundancia y progreso, el dinero no conoce de domingos ni días feriados ni vacaciones, simplemente al saberlo mover produce riquezas de forma ilimitada.

Pero al contrario de estar en movimiento al estancarse al no ponerlo a producir, su valor va disminuyendo con el tiempo por efecto de la inflación, quien permite una subida constante en los precios de los bienes y servicios, situación está que va

En todo el mundo hay dinero, el universo es un banco gigantesco, un infinito almacén de riquezas, pero hay muy pocas personas dispuestas a recogerlas, y cuál es la forma de recogerla? haciendo negocios, la forma de recoger la infinita abundancia que tiene el universo para todos nosotros es haciendo negocios.

La Biblia (La palabra de Dios) dice que Dios nos dio el poder para hacer las riquezas, ese poder está contenido en la capacidad de crear que todos tenemos, sólo tenemos que ponerla a funcionar, y como lo hacemos? con educación , con preparación, con estudios, de modo que lo que hay en la mente es realmente lo que produce dinero, en la mente esta ese poder para hacer las riquezas que la Biblia menciona en sus escrituras, no somos un cuerpo humano con una mente, somos una mente con un cuerpo, si está en la mente, tienes altas probabilidades de que se haga realidad, si está en la mente tienes altas probabilidades que se convierta en riquezas, así que la clave para tener libertad financiera es capacitar y entrenar adecuadamente tu mente.

Al entrenar y capacitar tu mente desarrollaras la capacidad de elaborar planes exitosos que podrás poner en práctica para obtener tu libertad financiera, debes entrenar tu mente para que sea de elevados pensamientos financieros, para que pienses en grande y te permita desarrollar los negocios que te van a dar la libertad financiera.

Mucha gente dice que no prospera en la vida porque no estudio o porque no ha tenido suerte en la vida, o porque es de bajo recursos, cuando en realidad lo que es que es de bajos pensamientos, la falta de educación financiera no le permite ver oportunidades de negocios, por lo tanto viven una vida mediocre llena de todo tipo de escases y además de todo eso se ponen en plan de víctima echándole la culpa al gobierno, a la situación, a sus padres, al verano, al invierno, a la lluvia, a la sequía etc. etc. nunca se les ocurre pensar que si hay un culpable es el mismo y nadie más, cuando asumas con responsabilidad que tu destino financiero está en tus manos y no en la de nadie más ni en los elementos, estarás en posición de empezar a hacer algo para cambiar las cosas, ese es el primer paso que debes tomar para cambiar tu realidad y salir adelante.

Seguro estoy de que tú no tienes una mina de oro literal, pero si tienes una figurada, y esa es tu mente, la mente es la más grande beta de oro que existe, pero tienes que sacarle provecho, tienes que capacitarte, tienes que entrenarte para que esta comience a darte frutos, y estos pueden ser ilimitados, sólo existen los límites que tú le pones ningún otro.

No te excuses en tu pasado para quedarte sin hacer nada, no digas yo no recibí la educación necesaria, yo nací pobre, no tengo dinero, soy de bajos recursos, no digas nada de estas cosas porque tú no eres de bajos recursos lo que eres es de bajos pensamientos, de bajas ambiciones, ten en cuenta que tú puedes tener todo lo que te propongas si tomas la seria decisión de hacerlo, tú no eres pobre, tu pensamiento es pobre, y esto ha causado que vivas una vida empobrecida, pero eso no tiene que ser todo el tiempo así, tu puedes cambiar esa realidad en tu vida si de verdad quieres hacerlo, Japón es un país pobre pero enriquecido, y esto es así porque Japón no cuenta con casi ningún recurso natural, pero el pensamiento enriquecido de sus habitantes le ha permitido salir adelante, le ha permitido ser quien es hoy, una de las más grandes economías del mundo.

Al contrario de Japón hay muchos países en el mundo que son ricos, pero empobrecidos, ricos en recursos naturales pero empobrecidos de pensamientos que los han llevado a vivir la realidad que viven hoy, inflación, corrupción pobreza delincuencia entre otros, no es su destino al igual que el tuyo tampoco es vivir una vida de penuria y escases, es tu manera de pensar la que te tiene donde estas hoy, incapaz de ver esa realidad que te mantiene atado a la maldición de la pobreza y la escases, en cambio ves y crees que los demás tienen la culpa de lo que te pasa, te justificas por todo con vagos argumentos para no tomar las riendas de tu vida, te parece más cómodo y justificable ver a los demás como los culpables de tu situación, pero déjame decirte algo amigo lector, si sigues pensando así, una sola cosa es segura, no saldrás de ese atolladero en que te encuentras, y si por algún golpe de suerte sales, pronto volverás a estar donde mismo estas o peor. Quieres que te diga porque? Ahí va: Tu eres el gerente de tu vida, tú tienes el timón de tu vida, tu vida va ir hacia donde tú la dirijas, bien sea por defecto o conscientemente, esto quiere decir que si no haces nada, tu vida seguirá generándose por defecto, inconscientemente sin que tú puedas hacer nada, es tu manera de pensar, tu pensamiento acumulado durante toda tu vida, que ha generado una forma de pensar determinada que es la que está causando la vida de la que estas gozando actualmente.

La buena noticia es que tú puedes cambiarla, como puedes cambiarla? primero debes ser consciente de que esto es así, para que puedas implementar los cambios necesarios, estos cambios no se producen por arte de magia, así como tu modo de pensar actual es producto de una sucesión de pensamientos hasta hoy día, así mismo se formara tu nuevo patrón de pensamiento que puede ser tan elevado como quieras, tienes que comenzar a leer todo tipo de literatura que te permita ir cambiando ese pensamiento empobrecido que te ha traído a donde te encuentras ahora mismo, te aconsejo que sea literatura de desarrollo personal, finanzas personales, auto motivación, inteligencia emocional, programación neuro lingüística (PNL), puedes leer libros o audiolibros de Tony Robbins, Robert Kiyosaki, Jim Rohn Camilo Cruz entre otros de desarrollo personal.

El 95 % de las personas que se ganan un premio gordo de loterías, reciben una herencia, se ganan un cuadro de caballos o tienen algún otro golpe de suerte, al cabo de un tiempo lo pierden todo y la razón es porque no saben manejar altas sumas de dinero, no están acostumbrados hacerlo y terminan perdiendo todo y endeudados, es decir que terminan peor que antes, su empobrecido pensamiento los llevan a la ruina total, en esta vida todo es un problema de conocimiento, es el conocimiento acumulado dentro de ti lo que te llevara a un lugar o a otro dependiendo de lo que este dentro de ti, tu mente es como una tierra fértil, te dará en abundancia lo que le siembres, si siembras frutas, te dará frutas en abundancia, pero si siembras espinas, están también se darán en abundancia, así mismo es la mente, te dará multiplicado lo que le siembres, si siembras conocimientos de finanzas, desarrollo personal programación neuro lingüística etc. esto te dará en abundancia, así que amigo lector depende de ti que eres el conductor de tu vida lo que siembres en tu mente, este conocimiento producirá la vida que deseas, tú eres el único responsable de convertirte con el conocimiento que acumules en la persona capaz de producir la vida que deseas.

LA FILOSOFÍA DE LA HORMIGA

Él célebre Jim Rohn ideó lo que el llamo la filosofía de la hormiga, en esta planteo que hay varias cosas fundamentales que podemos aprender de estos animalitos, si tu aplicas esta filosofía seguramente alcanzaras todas las metas que te propongas.

La persistencia de la hormiga.

Seguramente alguna vez cuando fuiste niño te encontraste con un puñado de hormigas, y como son los niños lo más seguro es que le pusiste trabas en la continuidad de su trabajo, una piedra o un palo en su camino, cualquier cosa que tuvieras a la mano,  quizás hasta te entrevisté a taparle la entrada al hormiguero, seguramente te pareció muy divertido, si prestaste atención tuviste que haberte dado cuenta la cantidad de cosas que emprendían para continuar su camino, sorteando todo tipo de obstáculo que se le presentan en el camino incluyendo los que tú le pusiste, no se rendían por grandes y numerosos que fueran los obstáculos, continuaban adelante sin detenerse.

Las hormigas son previsoras.

Saben aprovechar lo bueno que tienen en el presente para prepararse para el futuro, mientras están en el hormiguero, durante el invierno saben cuando llega el verano y salen ansiosas a la superficie a ponerse a trabajar de nuevo en pro de un mejor futuro, no se quedan holgazaneando ni pereceando salen a trabajar de inmediato.

No importa cuántos obstáculos pongas en el camino de las hormigas, ellas siempre encontrarán la manera de superarlos todos con tal de llegar a su destino, para poder cumplir con su propósito.

Las hormigas cuentan con una gran cantidad de previsión, se preparan durante todo el invierno para el verano y viceversa, cuando el clima es bueno y la comida abunda, las hormigas no se quedan holgazaneando en el hormiguero o se tiran a la sombra de un árbol a perecear, porque saben muy bien que la próxima estación del tiempo **está a la vuelta de la esquina, está próxima a llegar.**

Desarrollo.

Otra cosa que podemos aprender de las hormigas es el desarrollo, ellas no se ponen límites a la hora de trabajar, como por ejemplo: Juntan toda la comida que van a necesitar en el invierno durante el verano, no es que hacen un cálculo de toda la comida que van a necesitar y juntar, y luego que juntan esa cantidad pasan todo el resto del verano de fiestas, no, no se ponen límites, aprovechan al máximo lo que tienen sin poner limitaciones, trabajan sin descanso, si pueden juntar más comida sin duda lo harán, juntaran más, nunca se detienen son trabajadoras incansables.

Ahora que ya conocemos la filosofía de las hormigas vamos a ver cómo aplicarla en nuestra vida y en nuestras finanzas personales, nunca te rindas sabemos que no importa cuántos obstáculos pongamos en el camino de las hormigas, ellas siempre encontrarán la manera de sortear los obstáculos para conseguir sus objetivos.

Tú debes saber que para no rendirte primero es

indispensable tener un propósito, imagínate: Si estas hormigas no tuvieran un propósito, serían unos animalitos hiperactivos que desperdician el verano dando vueltas sin sentido.

Por eso lo primero que tienes que procurar es saber a dónde vas, cuál es tu objetivo y cuál es tu propósito y una vez que lo sepas has como las hormigas, y si te encuentras obstáculos en el camino y vas a conseguirlos, no te rindas, inténtalo todas las veces que sean necesarias como hacen las hormigas hasta conseguir tu objetivo.

Hay muchos caminos distintos para llegar al mismo objetivo, y si lo que has intentado hasta hora no te ha funcionado, o no ha salido como lo tenías previsto, es hora de buscar alternativas, de darle la vuelta y esquivar lo que sea que te esté frenando.

Se previsor como las hormigas, cuando obtienes un dinero extra, algún dinero que te debían y lo habías dado por perdido, alguna herencia, o a fin de año cuando cobras utilidades etc. o en esas ocasiones donde todo sale de maravilla, disfruta pero ten presente que el invierno está a la vuelta de la esquina, que está muy próximo a llegar, es muy ingenuo pensar que las cosas irán siempre bien, debemos estar preparados, la vida es cíclica tiene sus momentos buenos pero también tiene sus momentos malos, lo que tienes que aprender es gestionar ambos para poder sacar el mejor aprovecho a tus recursos.

En las épocas que te valla bien recuerda estos tres consejos:

Primero: No te comprometas con cuotas o pagos futuros a largo plazo, puede ser que no siempre estés igual de bien que ahora y no puedas cumplir con esos compromisos.

Segundo: No gastes todo lo que tienes, separa siempre por lo menos el 10% de tus ingresos ordinarios y el 80% de tus ingresos extraordinarios para tus ahorros y tus inversiones si puedes más mucho mejor, más tendrás para invertir, y aprovecha la buena racha para juntar cantidades más grandes, entre más puedas ahorrar mucho mejor, mejores oportunidades de inversión se te presentaran, no te arrepentirás te lo aseguro.

No te duermas en los laureles, piensa siempre en la forma de mejorar, si ya has llegado a tu objetivo financiero proponte otro un poco más retador.

Mantén el optimismo, así como es absurdo pensar que los buenos tiempos nunca acabarán es igual de absurdo pensar que los malos tiempos son eternos, aunque muchas veces lo parezcan, no logras nada quejándote y lamentándote, mira siempre hacia delante con optimismo, organiza siempre tus recursos para sobre llevar la situación actual de la mejor manera posible y planea una estrategia a futuro, en esos momentos es cuando más tienes que prestar atención a la organización de tus finanzas y encontrar un método que te permita llevar un mejor control de tus gastos de manera efectiva, en este libro tienes unos formularios que podrás descargar gratuitamente en mi página web https://comosermillonariodesdecero.com/ de ingresos y egresos, un Balance General y un Estado de Ganancias y Pérdidas que te permitirá saber a dónde está yendo a parar tu dinero y tomar el control del mismo).

Se todo lo que puedas ser, así como las hormigas no ponen límites a cuanta comida juntar para el invierno tampoco te pongas límites tu para crecer, tal vez estas en una situación estable actualmente que aunque no ganes todo lo que deseas, tienes una situación cómoda con lo suficiente para vivir y a tu familia no le falta nada.

Está bien, valorar lo que uno tiene, pero la pregunta que te tienes que hacerte es: lo que ganó actualmente es lo máximo que puedo llegar a ganar? si la respuesta es positiva disfruta de lo que tienes y aprende a sacarle el mayor provecho, aunque si estás leyendo este libro dudo que tu respuesta sea realmente positiva, siempre hay algo más que tú puedes hacer, Jim Rohn decía: nosotros siempre podemos ganar más porque siempre podemos ser más, nuestra capacidad de aprendizaje y capacitación no tiene límites, solo existen aquellos límites que tú mismo te pongas.

Las hormigas son previsoras saben aprovechar lo bueno que tienen en el presente para prepararse para el futuro, mientras están en el hormiguero durante el invierno saben cuando llega el verano y salen ansiosas a la superficie a ponerse a trabajar de nuevo en pro de un mejor futuro.

Siempre hay un escalón más que puedes subir un empujoncito más que puedes dar, un nuevo negocio que puedas emprender.

Al contrario de las hormigas los seres humanos tienen el poder de decidir, decidir si seguir juntando comida, sentarnos debajo de un árbol a comer y descansar.

Hazte la siguiente pregunta y contéstate con sinceridad: Lo que ganas actualmente es el máximo que puedes llegar a ganar? Piénsalo bien hay algo que tú puedas hacer que te pueda generar mayores ingresos?

Hay algún conocimiento habilidad o destreza que podrías adquirir y te permita ganar mayores ingresos? estás leyendo todos los libros que puedes leer? estas aprendiendo todo lo que puedes aprender?, estas poniendo de tu parte todo lo que puedes poner?, reflexiona sobre tus capacidades y sobre el uso que le estas dando, lo que estás haciendo ahora es lo máximo que puedes hacer?, conformarte con dar menos del 100% es desperdiciar tus capacidades, es sub utilizar todos los dones y el potencial que Dios puso en ti al nacer.

Si hay algo que podrías hacer pero además deberías hacerlo, no sólo estas desperdiciando tus capacidades sino que te estás autogenerando inconscientemente una de las mayores fuentes de infelicidad y frustración que existen.

Ponte un objetivo proponte con determinación a conseguirlo sorteando los obstáculos que consigas en el mismo, aprovecha los buenos momentos y planifica tu futuro, mantén el optimismo en los momentos más difíciles, piensa que la situación por difícil que sea tu puedes superarla, Dios dice en la Biblia que Él nunca nos pondrá cargas, es decir situaciones que no podamos soportar y aprende a trabajar con los recursos que tienes y procura potencial al máximo tus capacidades para sacar el máximo provecho de ellas, deja salir esa hormiga previsora, optimista, determinada y que no se pone límites que tienes dentro de ti.

TODO ES UN PROBLEMA DE CONOCIMIENTO

En la vida todo se basa en el conocimiento, este es poder, los problemas que enfrentamos a diario siempre tienen solución por complejos que estos sean, sólo que ignoramos como resolverlos, no sabemos qué hacer, lo cual no quiere decir que no tenga solución, pero la buena noticia es que podemos aprender cómo resolverlos, podemos aprender todo lo que queramos, actualmente tenemos acceso gratis a todo tipo de información, por lo que es fácil capacitarnos en cualquier cosa que nos queramos dedicar, todo depende de nosotros mismo de nadie más.

La mayor parte de las veces por nuestra misma condición humana imperfecta aplicamos la solución equivocada a los mismos, no importa el consejo de las personas con mayor conocimiento que nos puedan estar aconsejando valga la redundancia, nuestra tendencia y percepción humana por su misma condición es de tendencia al fracaso.

De modo que entré más más entrenamiento entre más conocimiento acumules dentro de ti de ese mismo modo estarás acumulando más soluciones.

El éxito depende de ti y de nadie más, alégrate entonces porque siendo de esta manera, entonces es posible, si depende de ti solo tienes que empezar, solo tienes que actuar, viniste capacitado con la maquina más poderosa del universo (CEREBRO) no desperdicies esta oportunidad, no seas como el hombre del que hablo en este libro que estuvo una semana completa pasando hambre porque ignoraba que el boleto que había comprado le daba derecho a comer 3 veces al día en el restaurante del tren donde estaba viajando, no pierdas al igual que este hombre por ignorante la oportunidad de tu vida de lograr la vida que deseas, comienza a trabajar en capacitarte poco a poco y luego en la medida que te vayas desarrollando vas subiendo de nivel, vas tomando retos más ambiciosos.

Comienza de una vez por todas a desarrollar las capacidades que te llevaran al éxito, nadie ha dicho que sea fácil, pero tampoco imposible, querer es igual a poder y creer es igual a crear, pero ambas necesitan de la acción para lograr sus objetivos, sus metas, sus propósitos etc.

Si tú no haces nada, nada va a suceder, la acción es el puente que une el mundo espiritual con el mundo físico, o lo que es lo mismo, es por medio de la acción que nuestros deseos y propósitos se materializan, se convierten en realidad, antes de la acción solo pertenecen al mundo de los pensamientos o espiritual, pero tenemos que valernos de la acción para poderlos llevar a cabo, para poder convertirlos en realidad.

Todo exactamente todo lo que existe en el mundo físico o material fue creado dos veces, primero existió en la mente de alguien y luego se materializo, pero para que esto ocurriera tuvo indefectiblemente que haber ocurrido una acción, sino no hubiera ocurrido, medítalo bien, piénsalo bien y entiende que esto es así.

Si realmente quieres prosperar en la vida, si realmente quieres lograr tu libertad financiera tienes que comenzar a accionar, pero no accionar sin un plan una dirección definida, porque déjame decirte que la acción sin dirección también produce resultados, pero no precisamente los resultados que estás buscando, sino otros resultados la mayor parte de las veces indeseados, por eso necesitas un plan a seguir minuciosamente detallado, dentro del contenido de este libro te doy algunas claves como hacer para elaborar un plan, pero no está demás que tu desarrolles la habilidad de elaborar planes, ya que lo vas a necesitar, si verdaderamente no te pones límites a la hora de crecer financieramente una de las herramientas más útiles que vas a necesitar es la elaboración de planes, plasma en un papel minuciosamente pensado, bien detallado las ideas que has desarrollado, de esta manera sabrás que hacer y cómo hacer las cosas para que funcionen correctamente, si no lo haces y simplemente lo dejas en tu mente, corres el riesgo de olvidar detalles imprescindible para obtener los resultados que estás buscando, y no solo olvidarlos que de por sí ya es malo, sino que en cualquier momento te encontraras improvisando que es peor, esto de ninguna manera te traerá los resultados que estas esperando, pero te traerá otros que seguramente no te gustaran mucho, los resultados obtenidos no son más que los frutos de una acción cualquiera llevada a cabo, así que depende única y exclusivamente de la acción correcta tener resultados correctos, y un plan improvisado sencillamente dará resultados improvisados, así que depende de ti elaborar un plan altamente definido para obtener los resultados que estas esperando.

NO ES SUERTE NI CASUALIDAD

Dos buenos libros que he leído, y que sus lecturas me permitieron saber que ciertos rasgos similares viví yo en lo personal y que además aplique con el poco conocimiento que tenía para el momento y que me ayudaron a conseguir el éxito que obtuve en la fundación de mi empresa ALIMENTOS ADDIAN CA. Estos libros son: El HOMBRE MAS RICO DE BABILONIA y LA BUENA SUERTE.

Tratare de explicar aquí a grandes rasgos cuales son estas similitudes en cada uno de estos libros, leer estos libros me permitieron entender después de tantos años que el éxito que obtuve no fue producto de la casualidad ni de la suerte, sino que obedece a una de tantas formas que existen para salir adelante y que cualquiera que hubiera hecho lo mismo hubiera alcanzado los mismos resultados, y que EL LIBRO LA BUENA SUERTE lo llama: buena suerte.

No se trata de que yo sea una persona especial y que por ese hecho tuve la suerte de salir adelante, no se trata de ninguna manera de lo que la gente llama, suerte o casualidad, se trata de principios económicos que al aplicarlos dan buenos resultados, a todo aquel que los aplique sin importar quien sea.

Cualquiera persona que se entrene, que se capacite adecuadamente y aplique este conocimiento para alcanzar el éxito sin duda tarde o temprano lo lograra, solo es cuestión de tiempo.

SIMILITUD CON EL LIBRO LA BUENA SUERTE Y EL HOMBRE MAS RICO DE BABILONIA

La mayoría de la gente en este mundo cree que aquel que prospera en la vida es porque tiene suerte, que algunos son favorecidos con ella y otros no, pero la realidad es que somos nosotros mismos con lo que hacemos lo que determina si prosperamos o no, es decir que nosotros somos la fuente tanto de nuestro éxito como de nuestro fracaso.

El libro LA BUENA SUERTE hace una gran diferencia entre suerte y BUENA SUERTE con mayúscula, la primera es aquella que la gente obtiene cuando recibe una herencia, gana millones en la lotería, se encuentra un tesoro etc. y la segunda es aquella que obtienes o creas con tu capacitación, con tu entrenamiento para alcanzar el éxito y lo pones en práctica, por lo que estas construyendo tu libertad financiera.

La suerte alcanza a unos pocos, sin embargo   al cabo de unos 10 años en promedio lo pierden todo según estadísticas conocidas, en cambio LA BUENA SUERTE es ilimitada ya que puedes crearla siempre que te lo propongas.

En estas líneas te cuento algunas similitudes que tuve en mi experiencia con mi empresa ALIMENTOS ADDIAN CA y el libro LA BUENA SUERTE y que me llevaron a conseguir mi libertad financiera.

El libro LA BUENA SUERTE habla de un caballero medieval en particular que no se detuvo nunca ante las circunstancias adversas que fue consiguiendo en su camino en busca del nacimiento de un trébol de cuatro hojas que nacería en el Reino donde el habitaba, cuyo rey era el mago Merlín, y por el contrario fue dándole la vuelta a cada circunstancia negativa que conseguía, para lograr su objetivo, no se rendía, era inteligente, tenaz, decidido y perseverante, preguntaba a cada habitante del bosque tanto animado como inanimado (ya que este bosque era encantado) que le pudiera dar información para conseguir saber dónde nacería el trébol de cuatro hojas, el cual era el objetivo de este caballero.

Yo hice algo similar, era perseverante, indetenible, determinado, decidido a triunfar, cuando no sabía algo preguntaba, no me dejaba vencer por ninguna circunstancia, si me equivocaba y caía, me volvía a levantar, de hecho me arruine 3 veces pero no me di por vencido, no me daba miedo endeudarme con los Bancos para invertir en la fábrica, tantas veces como fuera necesario, cuando mi fábrica comenzó a aumentar sus ventas tanto que la maquinaria con la que contaba no aguantaba la cantidad de producción diaria que tenían elaborar estas se dañaban muy seguido por lo que necesite maquinaria más grande y más fuerte (ya que este tipo de producto que yo fabricaba se hacía con un tipo de masa dura), entonces mande a fabricar mi propia maquinaria que al poco tiempo también colapsó, yo mismo las arreglaba muchas veces tarde por las noches para poder producir al día siguiente y cumplir los compromisos con los clientes.

Las repare tanto que me di cuenta cuáles eran los defectos de fabricación que tenían, aprendí a corregir los defectos y a diseñar estas máquinas, mande a fabricar las piezas de tal manera que quedaron estos defectos corregidos.

Mandaba a hacer todas y cada una de las piezas y luego yo mismo las armaba, y no armaba ninguna pieza que no estuviera correctamente fabricada, pieza que no cumpliera con los estándares de calidad que yo exigiera la devolvía al taller para su correcta rectificación, de esta manera estaba preparando mi fábrica para afrontar cualquier aumento en la producción por grande que fuera sin que las máquinas colapsaran.

El libro LA BUENA SUERTE habla de que este caballero medieval crea las condiciones necesarias para que naciera el trébol de cuatro hojas en el bosque encantado ya que la condición en que se hallaba la tierra de aquel reino hacia que fuera imposible que el trébol naciera.

Al igual que era imposible que yo cumpliera con la demanda

de las ventas de mi fábrica con aquella frágil maquinaria, por lo que me dediqué a crear las condiciones necesarias para cubrir con la demanda actual y futura, en otras palabras estaba creando buena suerte, no me di por vencido, al no conseguir maquinaria en el mercado que me sirviera, me dije: si no las hay las fabricó y eso hice, esto fue una gran decisión ya que pude construir maquinaria de mayor capacidad y robustas, además la diseñe de tal manera que una sola persona pudiera desempeñar el trabajo de dos.

Si las circunstancias eran adversas no me importaba, eso no me detenía, al contrario lo asumía como un reto que tenía que superar que tenía que vencer, tenía en mi cartera una estampa con una palabras que me infundían aliento cada vez que tenía una dificultad o me sentía desanimado, estas palabras decían lo siguiente: SI CREES EN TI NO HABRÁ CIRCUNSTANCIAS POR GRANDES QUE SEAN QUE TE DETENGAN.

Estas palabras me renovaban cada vez que las leías, me infundían nuevas fuerzas nuevos ánimos.

No dejaba nada para mañana, aplicaba fervientemente ese popular refrán que dice: no dejes para mañana lo que puedas hacer hoy, día a día pensaba en cómo mejorar, como hacer las cosas mejor, por las noches antes de dormir mi mente trabajaba en automático, ya estaba acostumbrado al pensar por las noches lo que iba a ser al otro día, muchas veces cuando me incorporaba por las mañanas a mi trabajo ya llevaba la solución en mi mente a algún problema sin resolver del día anterior.

Las máquinas que diseñe y construí, muchas veces el diseño lo hacía por las noches antes de dormir, ahora sé que es en ese momento (antes de dormir) que la mente está más dispuesta, más clara y fluyen mejores ideas, muchas veces me levantaba y diseñada una o varias piezas en un papel, para que al día siguiente no se me olvidara la idea que había tenido la noche anterior.

Otra similitud con el libro LA BUENA SUERTE es que en este libro el caballero medieval de la capa blanca era una buena persona, se preocupaba por los demás y los ayudaba sin esperar nada a cambio, lo que hacía que Dios le retribuyera con Buenaventura los favores hechos a los demás.

En mi caso sucedió que yo daba consejos y asesoramiento de buena fe (Dios lo sabe) a todo aquel que me lo pidiera para montar una fábrica del mismo rubro alimenticio de mi fábrica, no me importaba que me montarán la competencia, de hecho salieron 6 fábricas entre obreros, vendedores y proveedores que trabajaron conmigo, todos ellos quebraron a excepción de mi hermana quien se desempeñó como vendedora en mi fabrica, ella lo hizo con maquinaria financiada por mí, esta había sido desincorporada para incorporar maquinaria nueva y robusta que yo había construido, lo hice por ayudarlos siempre fue así, por eso mi fábrica siempre fue en crecimiento en aumento, la expansión llegó a buena parte del país.

Mi hermana no quebró como los demás primeramente porque Dios no lo permitió y segundo porque estaba pendiente de todos los movimientos que yo hacía para replicarlos, tales como el empaque, el diseño de las etiquetas que era muy parecido a la mía, ofertas, nueva línea de productos, listas de precios, etc. Además que ella no aumentaba si yo no lo hacía primero, ella no tomaba una decisión importante, si antes no la tomaba yo, esto demuestra que el éxito es posible si sabemos que hacer, sino fuera así las otras cinco fábricas no hubieran desaparecido, mi hermana nunca sabía qué hacer, pero sabía que yo si sabía, muchas veces me pedía consejos y otras tantas simplemente esperaba que yo hiciera algo para luego hacerlo ella, no tenía problema con eso.

Dios se encarga de retribuirte con creces cuando tu ayudas a los demás, no es mentira ese dicho sabio que dice que cuando tu ayudas a los demás en realidad te estás ayudando a ti mismo, Jesús Cristo lo dice en la Biblia: es mejor dar que recibir y yo soy testigo de ello, y cuando Jesús dice dar no se refiere solamente dinero, dar encierra muchas cosas como: amor, cariño, comprensión, amistad, consejos, etc. todo lo que hacemos en la vida bueno o malo se devuelve, es una siembra, como dice la Biblia *Gálatas 6: 7 No os engañéis; Dios no puede ser burlado; pues todo lo que el hombre sembrare, eso también segará.* La palabra segara significa cosechara o recogerá.

De la similitud con el libro: EL HOMBRE MAS RICO DE BABILONIA tengo poco que decir, salvo en la forma que ahorre el dinero para comprar la camioneta de la que hablo en el capítulo COMO REUNI MI CAPITAL que está más adelante, este libro habla que uno debe guardar para el ahorro por lo menos una moneda de cada diez que te ganes, es decir el 10 %, cada moneda ahorrada se convierte en tu esclavo, y deberá trabajar para ti, luego después de un año de estar ahorrando, invertir todo el dinero ahorrado, pero teniendo el conocimiento adecuado para hacerlo, además de buscar personas con conocimiento en el ramo en cuestión en el que vas a invertir, nunca asociarte ni pedirle consejos a personas que no tengan éxitos y resultados probados.

Luego de haber invertido correctamente el dinero ahorrado y cobrado las ganancias del mismo, estas ganancias se convierten en hijos, de tus monedas, y por lo tanto esclavos tuyos, que a su vez generaran otras ganancias y por lo tanto esclavos tuyos también, y así sucesivamente hasta lograr tu libertad financiera.

Yo ahorraba todo lo que podía inclusive más del 10 %, lo hice un habito en mi vida, y también lo invertía, compraba becerros pequeños o medianos y los engordaba, así de esta manera el dinero ahorrado trabajaba produciendo una rentabilidad extra para mí, estos animales crecían y ganaban peso que se traducía en dinero aunque yo estuviera durmiendo, de manera que ahora contaba con dos fuentes de ingresos: mi trabajo de soldador y mis animales, esto me ayudo a reunir en menos tiempo el dinero necesario para la inicial de una camioneta pick-up, que me llevo a escalar aún más en conseguir mis objetivos, con ella me convertí en vendedor de los silenciadores para vehículos que yo antes fabricaba, ahora ganaba mucho más con lo cual podía ahorrar más.

Aquí unos cuantos pensamientos de algunos grandes hombres que alcanzaron grandes logros gracias a la decisión que tomaron de capacitarse para alcanzar el éxito financiero:

Gody Allen el 90 % del éxito se basa simplemente en insistir. (Gody Allen). Woody Allen, nacido como Allan Stewart Königsberg, es un director, guionista, actor, músico, dramaturgo, humorista y escritor estadounidense. Fue ganador del premio Óscar en cuatro ocasiones. Desde 1969, ha producido un total de 45 películas.

Napoleón Bonaparte: Circunstancias? Que son las circunstancias? ¡Yo soy las circunstancias! (Napoleón Bonaparte). Napoleón Bonaparte fue un militar y estadista francés, general republicano.

George Bernard Shaw: Solo triunfa en esta vida quien se levanta y busca las circunstancias y las crea si no las encuentra (George Bernard Shaw). George Bernard Shaw, conocido a petición del propio autor como Bernard Shaw, fue un dramaturgo, crítico y polemista irlandés cuya influencia en el teatro, la cultura y la política occidentales se extiende desde 1880 hasta nuestros días.

Jacinto Benavente: Muchas personas piensan equivocadamente que tener talento es una suerte, pero pocas personas piensan que la suerte puede ser cuestión de talentos. Jacinto Benavente y Martínez fue un dramaturgo, director, guionista y productor de cine español, Premio Nobel de Literatura en 1922.

Isaac Asimov: La suerte favorece solo a la mente preparada. Isaac Asimov fue un escritor y profesor de bioquímica en la facultad de medicina de la Universidad de Boston de origen ruso, nacionalizado estadounidense, conocido por ser un prolífico autor de obras de ciencia ficción, historia y divulgación científica.

Publio Virgilio Marón: La suerte ayuda a los osados (Virgilio) Publio Virgilio Marón, más conocido por su nombre, Virgilio, fue un poeta romano, autor de la Eneida, las Bucólicas y las Geórgicas. En la obra de Dante Alighieri, La Divina Comedia, aparece como su guía a través del Infierno y del Purgatorio.

Pablo Neruda: La suerte es el pretexto de los fracasados. Pablo Neruda, seudónimo de Ricardo Eliécer Neftalí Reyes Basoalto, fue un poeta chileno, considerado entre los más destacados e influyentes artistas de su siglo; «el más grande poeta del siglo XX en cualquier idioma», según Gabriel García Márquez.

Friedrich von Schiller: El fruto de la suerte solo cae cuando está maduro. Oda a la Alegría, obra escrita por el poeta

Friedrich von Schiller en noviembre de 1785 y publicado por primera vez en 1786.

Gary Player: Creo muchísimo en la suerte y he descubierto que entre más práctico más suerte tengo. Gary Player fue un jugador de golf considerado como uno de los mejores de la historia. Formó parte del trío de los tres grandes con Arnold Palmer y Jack Nicklaus.

Proverbio Japonés: Existe una puerta por la que puede entrar la buena suerte pero tú tienes la llave

Desconocido. La suerte no se halla fuera de nosotros si no en nosotros mismos y en nuestra voluntad.

Mary Reibey: De todos los medios que conducen a la suerte los más seguros son la perseverancia y el trabajo. Traducción del inglés-Mary Reibey née Haydock era un comerciante, armador y comerciante australiano. Originalmente, una convicta deportada a Australia, fue considerada por sus contemporáneos como un modelo a seguir de éxito y se convirtió en una mujer de negocios legendaria en la colonia.

Publio Terencio: La suerte ayuda a los valientes. Publio Terencio Afro (en latín, Publius Terentius Afer) fue un autor de comedias durante la República romana. Se desconoce la fecha exacta de su nacimiento, aunque Suetonio menciona que murió en 159 a. C. a la edad de treinta y cinco años.

Honoré de Balzac: La resignación es un suicidio cotidiano Honoré de Balzac fue un novelista francés representante de la llamada novela realista del siglo XIX.

Pablo Picasso: Que la inspiración llegue no depende de mí, lo único que yo puedo hacer es que me encuentre trabajando. Pablo Ruiz Picasso fue un pintor y escultor español, creador, junto con Georges Braque, del cubismo.

Thomas Edison: La suerte del genio es un 1 % de inspiración y un 99 % de transpiración, o sea trabajar. Thomas Alva Edison fue un empresario y un prolífico inventor, considerado el inventor más importante de Estados Unidos. Desarrolló muchos dispositivos que han tenido gran influencia en todo el mundo, como el fonógrafo, la cámara de cine o una duradera bombilla incandescente.

Aristóteles Onassis: El secreto de un gran negocio es saber algo más que nadie sabe. Aristóteles Sócrates Onassis fue el magnate griego más famoso de la industria naviera del siglo XX y el hombre más rico del mundo en su época, tanto así, que se decía que «de vender todos sus activos, Wall Street temblaría».

Niki Lauda: Tú eres el motivo de casi todo lo que te sucede. Andreas Nikolaus Lauda, más conocido como Niki Lauda, es un expiloto austríaco de Fórmula 1. Fue campeón del mundo en 1975, 1977 y 1984, subcampeón en 1976, y cuarto en 1974 y 1978. Su primera victoria fue en el Gran Premio de España de 1974, y la última en el Gran Premio de los Países Bajos de 1985.

Orison Swett Marden. La suerte no es más que aprovechar las ocasiones favorables. Orison Swett Marden (1848–1924) fue un autor estadounidense inspirador que escribió sobre cómo alcanzar el éxito en la vida y fundó la revista SUCCESS en 1897. Sus escritos discuten principios de sentido común y virtudes que contribuyen a una vida completa y exitosa. Muchas de sus ideas están basadas en la filosofía del Nuevo Pensamiento.

Matthew Arnold: Solo aquellos que nada esperan del azar son dueños del destino. Matthew Arnold fue un poeta y crítico inglés, que trabajó como inspector escolar. Era hijo de Thomas Arnold, afamado director de la Escuela de Rugby a quien homenajea en la novela Tom Brown's Schooldays. Su hermano Tom Arnold fue abuelo de Aldous Huxley y Julian Huxley.

Francis Bacon: El hombre sabio crea más oportunidades que las que encuentra. Francis Bacon, primer barón Verulam, primer vizconde de Saint Albans y canciller de Inglaterra fue un célebre filósofo, político, abogado y escritor inglés, padre del empirismo filosófico y científico.

Winston Churchill: Un optimista ve una oportunidad en toda calamidad, pero un pesimista ve una calamidad en toda oportunidad Winston Leonard Spencer Churchill, KG, OM, CH, TD, FRS, PC fue un político, estadista, historiador y escritor británico, conocido por su liderazgo del Reino Unido durante la Segunda Guerra Mundial. Es considerado uno de los grandes líderes de tiempos de guerra y fue primer ministro del Reino Unido en dos períodos.

Anthony de Mello: Y cuando piensas realizar tus sueños preguntó el maestro a su discípulo, a lo que este contesto: cuando me llegue la oportunidad: La oportunidad nunca llega porque ya está aquí. Anthony de Mello fue un sacerdote jesuita y psicoterapeuta conocido por sus libros y conferencias sobre espiritualidad, donde utilizaba elementos teológicos de otras religiones, además de la tradición judeocristiana.

Albert Einstein: Dios no juega a los dados con el universo. Albert Einstein fue un físico alemán de origen judío, nacionalizado después suizo, austriaco y estadounidense. Se lo considera el científico más importante, conocido y popular del siglo XX.

LAS OPORTUNIDADES NUNCA LLEGAN, SIEMPRE ESTÁN ALLÍ

El libro LA BUENA SUERTE habla de un Reino donde caía en cierta época del año una lluvia de pepitas de color verde oro todos los años, estas eran semillas de trébol de cuatro hojas, estas nunca nacían a pesar de que eran por miles las que caían en la tierra de aquel Reino, porque estas necesitaban condiciones especiales para nacer que no existían en aquellas tierras: como una tierra con abundante agua al lado de un arrolló, esta no debía contener piedras, debía ser suave y esponjosa con muchos nutrientes y que además recibiera igual cantidad de sol y sombra.

Estas condiciones no existían en aquellas tierras, estas eran duras y llenas de maleza y rocas, solo crecían allí arboles de raíces fuertes y profundas que fueran capaces de crecer lo suficiente hacia abajo en busca de la necesaria humedad para poder desarrollarse.

Sin embargo y sin saberlo un caballero medieval llamado Sip se encargó de crear las condiciones necesarias para que naciera el trébol de cuatro hojas, limpio de maleza y escombros formados por las hojas muertas de los árboles que habitaban aquel terreno en el bosque, también saco todas la piedras que habían en aquella tierra, además de podar todos los árboles que habitaban en ese terreno, cortándoles todas las ramas y hojas muertas de sus troncos, permitiendo así que penetrara igual cantidad de sol y sombra, de modo que cuando el viento trajera aquella lluvia de semillas de trébol de cuatro hojas está nacería ya que este caballero creo las circunstancias apropiadas para que así fuera, es decir creo las condiciones necesarias para que el trébol de cuatro hojas naciera y creciera en unas condiciones en las tierras de aquel Reino que antes no existían.

Yo en mi empresa ALIMENTÓS ADDIAN CA. Hice algo similar, y lo hice al igual que este caballero sin proponérmelo, es decir sin ser consciente de ello, como a menudo las ventas eran buenas, yo invertía las ganancias en maquinaria y equipos, para masificar la producción y bajar los costos, como las máquinas las hacía yo mismo, casi siempre estaba diseñando y mandando a fabricar las piezas necesarias para máquinas más grandes, fuertes, resistentes y eficientes, además tenía como estrategia el tener un motor disponible de repuesto para cada una de las máquinas, de modo que la producción se parará el menor tiempo posible en caso de quemarse o averiarse los mismos.

También invertí en comprar cavas cuartos cada vez más grandes con la finalidad de poder tener la capacidad de almacenamiento necesaria que la maquinaria cada vez más grande era capaz de producir.

Al igual que el caballero medieval Sip creo las condiciones necesarias para que naciera el trébol de cuatro hojas, yo cree las condiciones necesarias para afrontar el aumento en las ventas que cada vez era mayor, nunca perdí clientes por no poder cumplir con los pedidos, la maquinaria construida era capaz de producir cualquier cantidad de mercancía sin problema.

Logre que la capacidad instalada de producción siempre fuera mayor a la demanda de la mercancía que allí se fabricaba.

VISUALIZACION

En el libro LA BUENA SUERTE el caballero medieval visualizaba profundamente el nacimiento del trébol de cuatro hojas hasta el punto que la imagen del mismo naciendo y creciendo le parecía más nítida y real que nunca, este era su objetivo principal en la trama del libro, lo hacía hasta el punto que lograba ver como si verdaderamente estuviera naciendo y creciendo.

Yo lo hacía igualmente con los objetivos que me había planteado en mi fabrica como por ejemplo: visualizaba a cada momento los productos empacados en diferentes presentaciones y tamaños antes de dormirme y también durante el día, esta visualización la dibujaba primero con llamativos colores y todo lujo de detalles en una hoja de papel lo mejor de lo que era capaz, (no disponía de computadoras para ese momento), trataba siempre de darle un toque de perfección, adicionaba nuevas ideas, combinaba colores, cambiaba el tipo de letra, etc. siempre buscando el mejor resultado posible.

Lo mismo hacía cuando diseñaba la maquinaria que quería construir o mejorar su diseño y reconstrucción para hacerlas más fuertes, resistentes y eficientes y aumentar así más la producción, siempre estaba pensando como agregarle dispositivos que las hicieran más eficientes y fueran más fáciles de operar.

Recuerdo que también lo hice con una camioneta Sport vagón que aspiraba tener algún día, la visualice muchas veces, incluso llegue a dibujarla tal como la quería, con todos los detalles que fui capaz de plasmar en un papel, para ese entonces no conocía nada acerca de lo efectivas que pueden ser las visualizaciones dependiendo de la emoción que podamos imprimir a dicha visualización, total que con el paso de uno o dos años más o menos no recuerdo bien, que el dibujo de esa camioneta quedo en el olvido, mi esposa en una de esas limpiezas profundas que le hacía de vez en cuando a nuestra casa, guardo todos los papeles, carpetas libros etc. que no estuvieran correctamente en su lugar y los guardo en un sitio diferente a donde yo los tenía, por lo que deje de ver aquel dibujo con mis ojos más no con mi corazón, yo continúe soñando despierto con aquella camioneta por las noches antes de dormirme y por el día cada vez que veía una camioneta igual o parecida a la misma.

Con el tiempo olvide que alguna vez había dibujado y había estado visualizando aquella camioneta, sucedió pues que una vez me encontraba buscando unos papeles que necesitaba para algunas diligencias rutinarias de la empresa y me puse a escudriñar todo los papeles que mi esposa había guardado hace ya algún tiempo y allí vi aquel dibujo de la camioneta que había estado visualizando , y que creen? era exactamente la misma camioneta que estaba conduciendo en ese momento y me pertenecía además, había funcionado a la perfección la visualización que tiempo atrás había estado haciendo, se dieron a la perfección las sincronicidades necesarias para que yo estuviera disfrutando de la camioneta que hace un tiempo atrás había estado visualizado con pasión, igual sucedió con la maquinaria que construí, los créditos bancarios y comerciales que solicité, con la consecución de varias cadenas de supermercados como clientes tanto a nivel regional como algunos otros estados del país.

Esto me lleva a decirte por experiencia propia y con propiedad que cualquier cosa que visualicemos en nuestra mente con una buena dosis de emoción tiene el ilimitado potencial de hacerse realidad, porque todas las cosas que existen y existirán en este mundo son creadas dos veces, primero se crea en la mente y luego se manifiesta en el mundo material, nada que veamos en el mundo material escapa a esta realidad

Toda la materia sin excepción está compuesta de electrones, y estos tienen una particularidad muy peculiar, los electrones se comportan de dos maneras, si los observas, ellos se convierten en partículas, es decir materia, pero si no los observas son solo una onda de probabilidades.

Ahora te preguntaras como podemos observar un electrón si es tan diminuto que necesitamos un microscopio bien potente para poder verlos, la respuesta es que aparte de poderlos ver con un microscopio adecuado para ello, nuestra mente también sirve como observatorio, nuestros pensamientos, crean la realidad que imaginamos, haz la prueba al menos por dos meses consecutivos, comienza a visualizar poniéndole una dosis de emoción cuando lo hagas a la vida que deseas vivir y comienza al mismo tiempo a trabajar en ello, veras las grandes cosas que puedes lograr.

No cometas el error de solo visualizar, así lograras muy poco, la visualización va a ser como la chispa que va a encender tu espíritu y comenzaras a trabajar cada día más para lograrlo, tienen que ir la fe y la acción tomados de la mano trabajando al mismo tiempo, entre más grande sea tu objetivo por supuesto que tardaras más en lograrlo pero créeme que se puede, por ejemplo: hace 3 años en el 2016 yo tome la decisión de convertirme en escritor, por lo que comencé a escribir mi primer libro, lo llame: *LA NACIÓN DE HIJOS DE DIOS.* Al momento de comenzar a escribir las palabras fluían de mi interior muy poco, constantemente tenía que estar leyendo y usando videos que hablaran de la temática en cuestión o escuchando audiolibros etc. en fin capacitándome, muchas veces copiando artículos de otros autores, con todo eso mi libro no alcanzo las 100 páginas, me costó muchísimo, pero eso no me detuvo, continúe visualizándome y trabajando al mismo tiempo.

Continúe capacitándome en casi todo el tiempo libre que tenía, cuando llegaba del trabajo en lugar de perder el tiempo viendo televisión me ponía a capacitarme y a escribir, cuando me iba de viajes me llevaba mi laptop, me capacitaba y escribía, trataba de no perder el tiempo, en mi auto colocaba CD. De audiolibros para ir enriqueciendo mi mente con más conocimiento cada día.

No solo es visualizar e imaginar la vida que deseas vivir, se trata de un trabajo en equipo entre tú y Dios, como dice la Biblia: Tu siembras la semilla, la cuidas y la riegas, pero el crecimiento lo da Dios, tú no puedes hacer nada, por mucho que hagas para que esa semilla crezca, solo Dios puede hacerlo, también la Biblia dice que por mucho conocimiento y sabiduría que tu acumules dentro de ti no puedes hacer negro ninguno de tus cabellos (a menos que te lo pintes), así mismo es con todo lo que decidas hacer en esta vida, Dios siempre te va a dar el crecimiento, pero tú tienes que sembrar, cuidar y regar, es nuestra alianza con Dios la que produce verdaderos resultados de éxito, si no estás obteniendo éxito revisa lo que estás haciendo porque seguramente algo malo estás haciendo.

Por ejemplo yo sembré en mí la idea de ser un escritor, he cuidado y regado esta siembra en el momento que soy constante en capacitarme y entrenarme cada día más para ser un mejor y más grande escritor cada día, hoy mismo este libro que estoy escribiendo lleva 171 páginas y espero llegar a 200 paginas, quizás no lo logre en este libro, pero vendrán otros, de eso estoy seguro, este es mi número 14 y ya supera a todos mis libros en su número de páginas.

Yo no me quede solo en mis pensamientos, no me quede solo en mis visualizaciones, porque si te quedas allí solamente estas se convierten en semillas estériles que nunca llegaran a nacer, esos electrones nunca se van a convertir en una partícula, nunca se va a materializar, va a seguir siendo una onda de probabilidades que pudo llegar a nacer pero que no lo hizo.

Dios me ha dado el crecimiento como escritor, las ideas que fluyen ahora de mi mente no son mías, es el crecimiento que Dios ha puesto en mi vida y lo va a seguir haciendo, pero yo tengo que seguir cuidando y regando lo que ya sembré para que Dios siga dándole el crecimiento, si no lo cuido, si no lo riego todo lo que he alcanzado se va a estancar y probablemente se pierda o quedara en el olvido

Hoy para ser más efectivo utilizo una técnica que me ha dado muy buenos resultados: Cuando me viene una idea de la temática que estoy escribiendo y no estoy frente al computador para escribir, tomo mi celular inteligente y comienzo a escribir en la aplicación de notas del mismo esta idea para que no se me olvide, porque las ideas no están disponibles todo el tiempo para el momento que deseas tomarlas, no, si no tomas acción en el momento que llego a tu mente, para cuando decidas empezar a escribir ya la idea que te llego muy posiblemente se te haya olvidado, muchas veces ni recuerdas que tuviste una idea en particular, así que aprovechó ese momento de inspiración de iluminación de pensamiento y comienzo a escribir todo lo que comienza a fluir en ese momento, luego de terminar lo guardo y lo envió a mi correo electrónico, así cuando llegue a casa lo bajo y lo copio en mi libro, lo edito, lo desarrollo mejor aún, pero no dejo pasar la oportunidad de sacarle provecho a ese momento de inspiración que tuve.

Anteriormente me pasaba cuando no se me había ocurrido esta idea, que cuando llegaba a casa y comenzaba a escribir, las ideas no fluían, no conseguía la forma de engranar correctamente la idea acerca de la inspiración que había tenido momentos atrás, muchas veces me ocurrió que estando en un servicio en la iglesia a donde me congrego, en el momento de la adoración o durante la predicación, cuando me relajaba y mi mente se aquietaba, y los pensamientos ya no revolotean dentro de mi cabeza, que entraba en una especie de éxtasis, una especie de inspiración profunda, que había un caudal de ideas llegando a mi cabeza, si hubiera podido escribir todo mi pensamiento en ese momento hubiera escrito un libro completo, pero no, cuando llegaba a mi casa ya la inspiración se había retirado y la mayoría de aquellos pensamientos no los recordaba, por lo tanto era imposible para mi retomar el hilo de pensamiento de la idea en cuestión, por mucho esfuerzo que hiciera no podía hilvanar con éxito la inspiración que había tenido momentos antes, ahora no desaprovecho la oportunidad, en el momento que me viene una inspiración trato de retirarme a un lugar tranquilo y me pongo a escribir cuanto antes para aprovechar que el pensamiento está allí fresco y puedo recordarlo con facilidad.

De esta manera puedo aprovechar al máximo toda la inspiración recibida, incluso a veces puedo hacer una especie de entrelazamiento con otra idea recibida anteriormente y que no recordaba en el momento, pero cuando me ponía a escribir lo podía recordar con toda claridad, con todo lujo de detalles, a esto me refiero cuando digo que el crecimiento lo da Dios, ningún ser humano por muy sabio, por muy preparado que este, no puede producir fisiológicamente un pensamiento, que te guie a realizar una determinada acción, incluso hasta los pensamientos que vienen a tu cabeza de sembrar, regar y cuidar una semilla no son tuyos, tu no los produjiste, (tú crees que eres tú, pero no lo eres), si no lo crees averigua en internet todas las reacciones químicas y fisiológicas que hay detrás de un pensamiento y trata de recrearlo voluntariamente a ver si puedes, quedaras pasmado atónito al saber la cantidad de procesos químicos y fisiológicos que deben ocurrir y además en sincronía total para que estos se produzcan, el hombre al igual que toda la naturaleza que lo rodea es una perfecta creación de Dios, somos productos de una inteligencia infinita, del cual nos debemos sentir muy agradecidos en primer lugar por todo lo que nos han dado sin costo alguno, y orgullosos en segundo lugar de que somos la máxima creación de esa inteligencia infinita (Dios).

PORQUE EL HOMBRE CONSTANTEMENTE FALLA.

Porque el hombre fracasa constantemente en su vida, porqué el camino del hombre está lleno de fracasos y desaciertos, porque es tan difícil para este triunfar?, existe una respuesta a todas estas interrogantes, pues sucede que el hombre está programado, y su vida seguirá los pasos de esa programación, esta ira desarrollándose indefectiblemente de acuerdo a esa programación, cada evento que se desarrolla en la vida del hombre está dado por las acciones que este emprenda, y estás le darán el resultado de acuerdo a las mismas, esta programación la aprendimos desde muy temprano en nuestras vidas, así cuando fuimos niños recibimos una educación determinada y estuvimos bajo autoridad, nuestro cerebro fue captando como ciertas sin cuestionar (no teníamos la capacidad para hacerlo, éramos niños indefensos) tanto las creencias de nuestro padres, tíos, abuelos, maestros etc. como personas de autoridad en nuestra educación, así como las conductas y actitudes de estas personas que presenciamos, esto fabrico poco a poco nuestro sistema de creencias, luego cuando llegamos a ser adultos y somos dueños y responsables de nuestros actos, los iremos aplicando inconscientemente en nuestras vidas, nuestra mente ira rechazando todo aquello que no sea afín con lo vivido en los años de infancia, verá como fuera de foco o inapropiado todo aquello que no tenga consonancia con nuestras creencias fabricadas hasta ese momento de nuestras vidas. por ejemplo: una mujer que durante su niñez vio cómo su mamá fue una madre soltera y escucho palabras y vio situaciones propias de esa condición, asumió sin cuestionar en su inocencia como normal y propia de su vida, luego en su adultez esos pensamientos inconscientes harán su papel en la vida de esta mujer, esta no se identificara con nada que no se parezca a esa programación adquirida en su niñez, rechazando todo aquello que no se parezca a aquellas experiencias y escuchas vividas, lo peor de todo es que esto lo hará de forma inconsciente, puede tener la oportunidad de su vida ante sus ojos pero no la verá, no le gustará o no le parecerá apropiado y lo rechazara, puede ser consciente de que esa es la oportunidad de su vida pero no le gustara, tendrá los sentimientos necesarios para rechazar esa oportunidad, su mente le dará cualquier cantidad de razones valederas para rechazarlas y si lo acepta tarde o temprano la abandonara, esa es la triste realidad.

Esto explica porque el hombre fracasa constantemente en la mayoría de sus decisiones cotidianas viviendo una vida mediocre llena de fracasos y desaciertos, echándole la culpa al gobierno al destino a la situación a todo el mundo pero menos a sí mismo, quien es quien en realidad ha permitido que su vida se mueva sin dirección, en un va y ven como si fuera una hoja de papel movido por el viento su falta de control y dirección es donde está la verdadera causa de su situación, he aquí la gran importancia de elaborar un plan minuciosamente detallado y seguirlo al pie de la letra para convertirte en la persona capaz de producir la realidad de vida que deseas, sea la que sea que quieras, si quiere libertad financiera, o si quieres ser médico, abogado, arquitecto etc. tienes que convertirte en la persona capaz de producir ese resultado.

Si tú elaboras un plan detallado, y te ciñes a él sin desviarte ni a diestra ni a siniestra, aunque puedes hacerles pequeños o grandes ajustes dependiendo de la situación, tarde o temprano y por consecuencia lógica lo lograrás, no te quepa la menor duda, lo lograrás sin falta.

Así como recibimos una programación bien intencionada cuando éramos niños, lo cual no quiere decir que sea la mejor, así mismo podemos hacer una reprogramación nueva en nuestra manera de pensar y por consecuencia lógica actuar, de hecho estamos siendo reprogramados constantemente pero de manera inconsciente día a día por los nuevos aprendizajes que vamos adquiriendo, quienes van moldeando una nueva manera de pensar cada día, es decir modificando cada día nuestra manera de pensar, y creando así por defecto nuestra realidad de vida, por lo que debemos tomar consciencia plena de lo primordial de elaborar un plan a seguir para producir los cambios necesarios en nuestra realidad de vida, para lo cual te aconsejo que identifiques aquello para lo que has venido a esta tierra, es decir que identifiques cuál es tu propósito de vida en esta tierra, esto es fácil de saber, regularmente ese propósito está íntimamente ligado a como nos sentimos cuando realizamos algo, es decir que tú tienes que identificar aquello que te produce alegría hacerlo, tienes que identificar qué es lo que tu harías aun sin obtener dinero a cambio, que es lo que tu disfrutas hacer y aunque sea un trabajo no lo consideras como tal ya que disfrutas hacerlo, y no te cuesta nada llevarlo a cabo, todo lo contrario, amas hacerlo, disfrutas hacerlo.

Luego que tú identifiques eso que harías aun sin que te pagaran, elabora un plan concienzudamente detallado síguelo al pie de la letra para conseguir eso que te propones, sin duda conseguirás poco a poco producir la realidad de vida que amas, la realidad de vida que te mereces, y por consecuencia lógica te hará feliz y crearas abundancia y prosperidad para ti y los tuyos.

2da. Parte
La Historia de mi Empresa (Un Hecho de la vida Real)

UN HECHO DE LA VIDA REAL

Este libro habla de un hecho real, algo que realmente sucedió, y como hice para hacer crecer en un periodo más o menos de cinco años desde cero, hasta lograr una de las empresas más grande de Venezuela en el   rubro de pastelitos, pasteles, pastelones, tequeñones, tequeños, tequeñitos, tequeyoyos y masa fácil o masa lista.

Lamentablemente no llegue a convertir esta empresa en la más grande de Venezuela, básicamente por no estar mejor preparado en el conocimiento financiero, además de no ser afecto al gobierno revolucionario de Venezuela que para ese momento estaba gobernando desde 1998 y aun lo hace para este año presente 2019, porque estos para otorgarte crédito te exigía ciertos parámetros politicos con los cuales nunca estuve de acuerdo.

Aprendí   a   adquirir   deuda   buena,   primero   en CORPOINDUSTRIA, este era un ente público del gobierno democrático de ese momento que financiaba a la pequeña y mediana industria, lamentablemente el gobierno entrante de hugo chavez elimino este organismo gubernamental por lo que tuve que acudir a los bancos privados, para hacer nuevas inversiones productivas y lograr un crecimiento que generara una mayor rentabilidad, ya que este gobierno exigía que convirtiera mi empresa, en una empresa de producción social (convertir a los trabajadores de la empresa en socios de la misma), para poder acceder al financiamiento necesario para crecer aún más.

Por supuesto que no acepte, me hubiera convertido sin lugar a dudas en un enchufado más del gobierno corrupto del momento (Dios sabe porque hace las cosas).

Antes que este gobierno se instalara en el poder logre hacer crecer rápidamente mi empresa con un crédito de 5.000.000 de

Bs. (Era mucho dinero para la época) que me otorgo CORPOINDUSTRIA. Este era un ente crediticio del sistema de gobierno para ese momento que otorgaba créditos a la pequeña y mediana industria sin importar su tendencia política, como debe ser, mas no así el gobierno revolucionario de hugo chavez frías, este exigía ser partidario, fiel a su sistema socialista de gobierno, ser rojo rojito como ellos le llaman, pertenecer a su tolda política es decir chantaje.

Con ese crédito mande a construir un galpón mucho más amplio de 324 (mt2), antes de eso había construido con mucho esfuerzo una pequeña estructura donde ya laboraban como unas 12 personas más o menos.

Al cabo de 2 años de haber recibido el crédito en cuestión, CORPOINDUSTRIA me otorgo un diploma de reconocimiento en un acto público desarrollado dentro de sus instalaciones y que contó con la presencia de todos los beneficiados con sus créditos, donde me pidieron que compartiera parte de mi estrategia para tener la empresa de mayor crecimiento económico en el menor tiempo con el crédito otorgado.

Por este hecho fui seleccionado además de mi puntualidad en los pagos para un crédito de 15.000.000 Bs. Este dinero iba a ser liquidado al finalizar la cancelación por lo menos de las 3 terceras partes del crédito anterior.

Lamentablemente este crédito nunca se hizo efectivo, el gobierno revolucionario mencionado antes que se instaló en el poder para ese entonces, rápidamente elimino de un plumazo a CORPOINDUSTRIA, alegando actos de corrupción dentro de la misma.

Centralizo el otorgamiento de créditos a través de un organismo nuevo creado por ellos mismos que se llamó INAPYME, con una montaña de trámites burocráticos.

En mi afán de crecimiento solicite un crédito sustancioso,

elabore un proyecto de inversión y cumplí con la montaña de requisitos que me solicitaron, viaje a la capital de la república en par de oportunidades a firmar la documentación requerida.

Pero lamentablemente el crédito nunca fue liquidado, pasado un tiempo se apareció en mi empresa una comitiva de 3 personas (como dando respuesta a mi petición de créditos), proponiéndome la conversión de la empresa de compañía anónima a empresa de producción social, es decir una empresa socialista donde todos los trabajadores pasaban a formar parte de la misma, es decir iban a ser dueños de la misma junto a mí, si mal no recuerdo mitad y mitad, es decir la mitad era mía y la otra mitad de los trabajadores, no acepte, no podía aceptar.

Esto no me detuvo, para ese entonces mis planes eran seguir creciendo, después de todo los bancos privados también otorgaban créditos aunque menos ventajosos, tenía la mira puesta en todo el territorio nacional, y más adelante en exportar, no dejaba de pensar que hacer y cómo hacer, me faltaba mucho conocimiento, tenía las ganas, la juventud, la disposición, pero eso no bastaba, lamentablemente para ese momento yo era muy inexperto y no sabía que en la capacitación en el entrenamiento financiero estaba el secretó, como ahora si lo sé, y ahora lo sabes tú porque lo aprendiste en este libro.

Decidí escribir este libro porque realmente creo que si tu pones en práctica todo lo que aquí está escrito sin duda alcanzarás el éxito financiero, lo sé porque yo lo hice, soy un vivo ejemplo de ello, seguro estoy que el éxito que yo alcance, quedará corto para ti, ahora tu cuentas con este libro, donde está vaciada toda mi experiencia y nuevos conocimientos alcanzados durante todos esos años, además de infinidades de libros que existe sobre finanzas, tú no tienes que cometer los errores que yo cometí producto de mi falta de conocimiento, recursos y experiencia, tú tienes que lograr de ti la mejor versión posible para enfrentar cualquier reto o situación que se te presente.

Si tú sigues paso a paso sin fallar ni desanimarte, tendrás un éxito rotundo, pero recuerda necesitas capacitarte porque los negocios que tu emprenderás serán muy diferentes a los que yo inicié, aún si fueran los mismos cada individuo piensa y actúa diferente de acuerdo a su mapa mental, sin tomar en cuenta que cada país tiene sus propias características económicas propias de su economía valga la redundancia, por lo que necesitas capacitarte para que cada situación que se te presente en la vida se consiga con la mejor versión de ti posible, tienes que capacitarte adecuadamente, compra libros digitales y físicos, audiolibros, vídeos, asiste a seminarios, compra CD y escúchalos en tu vehículo si lo tienes, o camino al trabajo antes de acostarte, en fin hay muchas cosas que puedes hacer para capacitarte, lo que no debes hacer es dejar de intentarlo, convierte tu vehículo en una biblioteca de audiolibros andante, que tu vehículo no se mueva ni un metro si no lleva puesto un audio libro, convierte los audio libros en el combustible que mueve tu vehículo y tu vida.

Una buena capacitación te permitirá saber cuándo tomar las más oportunas decisiones, estas deben tomarse a tiempo, cuando aún hay chance de tener éxito.

Una buena capacitación te permitirá saber que a veces perdiendo también se gana, hay ocasiones en que tendrás que sacrificar, parte de tu patrimonio bien sea dinero, mercancía, locales, vehículos etc. para poder mantener a flote tu negocio y no irte a la quiebra, a veces entre varios males, hay que elegir el que haga menos daño, claro que espero que nunca te toquen vivir situaciones como estas, pero si te tocan ya sabes que hacer.

Voy a contarte una historia verídica que estuvo a punto de

hacer desaparecer mi empresa: Aconteció que mi empresa *Alimentos Addian CA.* Para finales del año 1996 (para ese año se llamaba *Pastelitos Addian* era una firma unipersonal), tenía un incremento bastante significativo en las ventas, eran tantas que se me hacía bastantes difícil conseguir el queso necesario para cubrir la demanda en las ventas, en la búsqueda continua que mantenía todos los días buscando uno o varios proveedores de quesos, conocí una fábrica del mismo, llamada INDALACA, allí en esa fábrica compre más o menos unos 1800 kg. De quesos, que equivalía a 2 semanas de producción de tequeños, con este queso pude solventar para ese momento toda la demanda de los mismos.

Ocurrió que poco después de haber distribuido la producción de tequeños entre la clientela comenzaron a llegar todo tipo de reclamos, estos decían que los tequeños se explotaban al momento de freírlos, y le causaban perdidas a los clientes porque además de echarle a perder el aceite de freír, los clientes se estaban retirando.

Llegaban reclamos tras reclamos uno tras otro, las ventas estaban bajando rápidamente, esto es grave para cualquier empresa sobre todo cuando se está comenzando, todos los clientes se estaban perdiendo alegaban que no querían comprar más tequeños explosivos, sumado a esto al mismo tiempo yo había presentado mis quejas delante de MONACA quien era el proveedor de harina de trigo, para ver qué grado de incidencia en este problema había tenido la harina, o era totalmente responsable en que los tequeños se hubieran convertido en explosivos, resulto después de que MONACA llevo a cabo los exámenes pertinentes que solo era culpable parcialmente, no en su totalidad.

Consiguieron un porcentaje elevado en la concentración de cenizas en la fórmula de preparación de la mezcla de harina de trigo con los respectivos elementos que conforman la misma, este porcentaje no hacía que explotaran los tequeños, solo hacía que la harina de trigo tuviera menos vida útil luego de ser procesada y convertida en producto en mercancía, por lo que MONACA reconoció reponer el 20% de la harina utilizada en la fabricación de tequeños y pastelitos, como en efecto lo hizo, este hecho me dejo casi descapitalizado, y traería graves consecuencias futuras, porque perdí por falta de pago oportuno el código de cliente que MONACA otorgaba a los mismos. (Con el paso del tiempo la perdida de este código trajo devastadoras consecuencias económicas a mi empresa).

Los continuos reclamos y devoluciones me llevaron a tomar una difícil decisión, o mi empresa desaparecería, decidí recoger y reponer a los clientes todas y cada una de las cajas de los llamados tequeños explosivos que tenían los clientes, es decir produje el equivalente a dos semanas de producción y cambie todas las cajas repartidas a los clientes, menos mal que yo era único dueño y no tuve que depender de nadie para tomar una decisión como esa, mis hermanos me decían que estaba loco, pero la verdad que eso fue lo que salvo de la quiebra mi Empresa, los clientes gracias a que reconocí y repuse sus pérdidas decidieron seguir comprándome los tequeños, debes saber que el activo más valioso que tiene cualquier empresa son sus clientes, preferí perder todo ese dinero pero no perder los clientes, de allí el dicho tan popular que dice: el cliente siempre tiene la razón, claro este es quien paga y proporciona el dinero tan necesario para cubrir todas las funciones de la empresa.

Al poco tiempo las ventas se recuperaron y aumentaron, gracias a que en ese lapso de tiempo conseguí varios proveedores de quesos, por supuesto que a INDALACA no le compre más quesos. (Esta no quiso reconocer que su queso ocasionaba que los tequeños se explotaran).

Al poco tiempo de suceder estas cosas hice un negocio muy beneficioso que me permitió recuperarme y crecer aún más, aunque lamentablemente no duro mucho, este consistió en vender al contado a un porcentaje menor toda la producción diaria, a una persona que había puesto en mis manos una fuerte suma de dinero como garantía para que pudiéramos llevar a efecto el negocio en cuestión.

Esta persona quedo a cargo de las ventas, entendiéndose por consiguiente con todos y cada uno de los vendedores, el negocio estaba marchando muy bien para mí, no así para el señor que me compraba toda la producción, los vendedores no respondieron cancelando oportunamente sus facturas, quedándose este sin liquidez para poder seguir comprando toda la producción de mi fabrica.

Me vi en la necesidad de echar marcha atrás en este negocio, pero no fue por la falta de liquidez de este señor, puesto que yo hubiera podido darle crédito a fin de mantener a flote el negocio, lo que verdaderamente me llevo a echar para atrás el negocio fue precisamente las cajas de tequeños explosivos que seguían llegando de regreso a la fábrica por concepto de devolución.

Era raro pensaba yo, ya habían pasado como un mes que había tomado la decisión de recoger todas las cajas de tequeños explosivos, pero estos no dejaban de llegar como si aún se estuvieran produciendo, en forma de devolución, por lo que decidí averiguar personalmente el asunto.

Hable con uno de los vendedores que estaba trayendo de vuelta unos tequeños y aseguraba que se los habían despachado ese mismo día, abrí las cajas que este vendedor estaba trayendo de regreso y me di cuenta que los tequeños estaban negros, completamente negros, eso no podía ser, para que un tequeño llegara a las condiciones en que estaban estos, había tenido que pasar por lo menos un mes o dos, los tequeños no se ponen en esas condiciones tan rápido, a menos que no estuvieran correctamente refrigerados, el excedente de cenizas en la preparación de la mezcla de harina por parte de MONACA estaba pasando factura, pero para que esto pasara tenía que pasar por lo menos un buen tiempo, esto no podía ser ya que esa producción había sido cortada hace tiempo ya.

Este hecho me dio mucho que pensar, por lo que me puse a recorrer mentalmente todo el proceso de producción almacenamiento y despacho de la mercancía, descubrí entonces que si el vendedor tenía razón y esos tequeños le habían sido despachados el mismo día que se los devolvieron, la única manera era que este señor el que me compraba la mercancía, la estaba metiendo de nuevo en almacenamiento como producción, como si fuera producida ese mismo día, en lugar de botarla a la basura.

Sucedía que cada caja devuelta por los clientes y que los vendedores traían de regreso en forma de devolución era descontada de la cantidad de cajas producidas ese día, por lo que me estaba robando, no le dije nada en el momento tenía que estar seguro, así que me fui a la cava de refrigeración donde se almacenaba la mercancía, y comencé a revisar caja por caja.

Efectivamente descubrí una gran cantidad de cajas ya descompuestas que eran entregadas como producción nueva y fresca a los vendedores, regresando luego como devolución y descontadas de la cantidad de cajas que tenía que pagar diariamente por concepto de producción e insertadas nuevamente en la lista de inventario para ser despachadas nuevamente y ser descontadas de nuevo, cumpliendo su ciclo de corrupción, todo un negocio para este ladrón según su manera de pensar, pero le salió el tiro por la culata puesto que disolví todo el negocio con él, y el a su vez quedo como acreedor de las deudas de los vendedores porque por supuesto yo no las asumí, no se lo merecía, después de todo él fue el único responsable de los créditos que otorgo a los vendedores.

NOTA: Al final de este capítulo te muestro el diagrama de recorrido de la mercancía para que entiendas como hacia este señor para hacer parecer que la mercancía devuelta la botaba (cuando en realidad nunca lo hacía), y me la descontaba del pago de producción diaria, ya que esa mercancía se produjo bajo mi administración, la metía nuevamente en la cava, y volvía a venderla, así cuando regresara de nuevo como devolución volvía a descontarla.

Lo anteriormente descrito demuestra que muchas veces tenemos que tomar decisiones duras e impostergables para poder mantenernos a flote en el mercado, seguro estoy que si no tenemos éxito o no estamos teniendo el nivel de éxito que estamos esperando, sin duda se debe a las decisiones que hemos tomado, recuerda que todo ser humano está viviendo en la actualidad las consecuencias de sus decisiones pasadas, y viviremos mañana las decisiones que hoy estemos tomando, una vez más recalco la importancia de una efectiva capacitación, no escatimes en gastos cuando se trate de construir tu empresa interior o tu yo empresarial, este no es un gasto es una inversión y como toda inversión rendirá sus beneficios, tu capacitación es quien te llevara con éxito a conseguir las metas que te has trazado.

Capacitarte bien no te garantiza en ningún momento que todas las decisiones que tomes sean las correctas y mucho menos que salgan como lo estas esperando, pero al menos aumentaran tus probabilidades de éxito, una buena capacitación te permitirá pisar tierra firme para futuras decisiones sea cual sea el escenario que te toque enfrentar, y cada situación te hará más fuerte, más competente, ganaras más experiencia.

Una buena capacitación te permitirá bajar al máximo los niveles de error que puedas cometer, que de seguro cometerás, pero sabrás tomar decisiones efectivas a tiempo, sabrás que hacer y cómo hacer, no te quepa la menor duda, pero debes ser muy diligente en prepararte a la altura de lo que aspiras, debes siempre buscar desarrollar la mejor versión posible de ti.

Aquí en este libro conseguirás un formulario ingresos y egresos súper sencillo donde te darás a la imprescindible tarea de anotar todos tus gastos por pequeños que sean, al hacer esto te darás cuenta que allí hay un buen porcentaje de gastos innecesarios que podrías ahorrar para comenzar el camino a la libertad financiera.

Por lo menos una buena parte de tu dinero estas malgastando, si aplicas correctamente este formulario de ingresos y egresos sabrás en que estas malgastando tu dinero y podrás corregir ese despilfarro y comenzar a ahorrar para sentar las bases de tu futuro financiero.

Mucho de esos gastos, la mayoría diría yo, se van en pequeñas cosas, que por ser tan pequeña no le damos mayor importancia, pero usa este formulario de ingresos y egresos correctamente, luego suma todos esos gastos y te darás cuenta porque no te alcanza el dinero y por consiguiente nunca tienes para ahorrar.

Recuerda el esfuerzo que hagas para ahorrar ahora que eres joven, tienes fuerzas y puedes hacerlo, te dará la tranquilidad en los años de tu vejez donde ya no tendrás ni la fuerza ni la juventud para seguir trabajando, pensar en una pensión para el tiempo del retiro es el peor error financiero que hoy que esta joven puedas cometer.

En la página siguiente muestro un diagrama donde se marca el recorrido de la mercancía desde la producción, almacenamiento, distribución y devolución de la misma, en ningún momento la mercancía devuelta va a la basura como corresponde, si no que regresaba a la cava de almacenamiento para volver a cumplir un nuevo ciclo de distribución y devolución, para ser cobrado nuevamente.

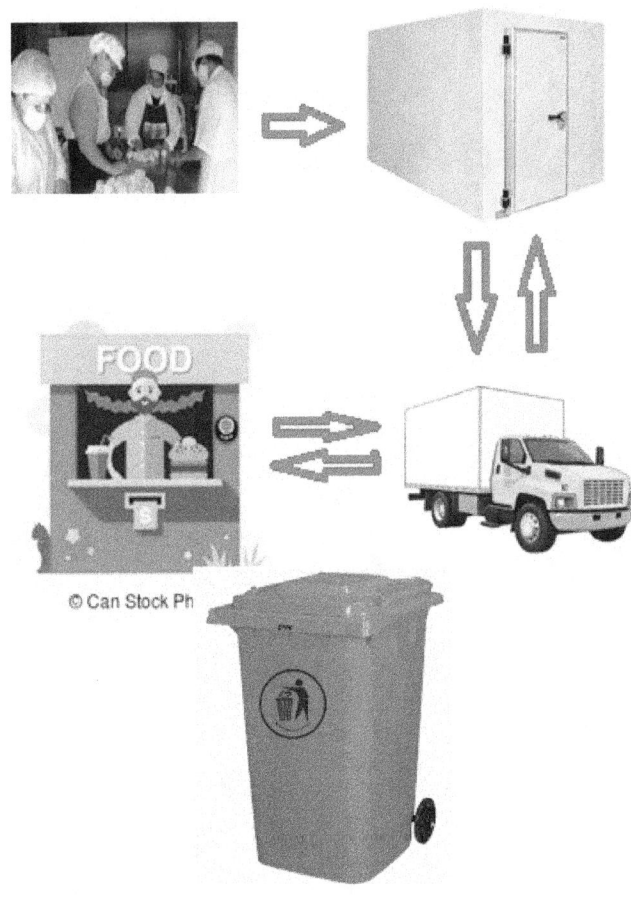

INCONTABLES FORMAS DE AHORRAR

Es muy importante sobre todo cuando empiezas a transitar el camino que te llevará al éxito financiero ahorrar, aquí te voy a dar algunas ideas para que puedas tener más disponibilidad de dinero y de esta forma puedas ahorrar todo lo que puedas, hay infinidades formas de hacerlo, el momento en que comienzas es muy importante no perder ninguna oportunidad de hacerlo, y cuando hablo de ahorro no solo hablo de dinero, no solo se ahorra en dinero, hay muchas maneras de ahorrar que luego se traducirán en más ahorro de dinero, por ejemplo con los calzados bien sea de vestir o deportivos, de estar en la casa etc.

Camina de manera de no tropezar con piedras, o cualquier otro objeto que consigas en el camino, no pases por la arena, o por los charcos llenos de agua o de barro etc. En fin trátalos como si fueran hechos de un vidrio delgado, o como la niña de tus ojos, esto te permitirá tener que lavarlos y limpiarlos menos y por ende te duraran más, no los laves con cepillo, pásale un trapo húmedo con un detergente suave, enfócate en todo lo que se te ocurra para cuidarlos más y que te duren bastante en buenas condiciones, así ahorraras más dinero que podrás dedicarlo a invertir posteriormente.

Si tienes hijos pequeños enséñalos a que hagan lo mismo y cómprale por lo menos una o dos tallas más dependiendo de cuán rápido crezca tu hijo o hijos, así no tendrás que comprarle muy seguido calzados, tampoco compres calzados de baja calidad recuerda que lo barato sale caro, en lugar de eso te recomiendo visitar ventas de garaje o comprar por internet (mercado libre), te sorprenderás con las ofertas que puedes conseguir, con calzados de buena calidad, lo mismo puedes hacer con la ropa, víveres, artefactos eléctricos de tu hogar, muebles, repuestos y los cauchos de tu vehículo si lo tienes.

Cuando yo empecé no tenía nada, vivía en casa de mis padres, estudiaba en la universidad, cuando tuve la oportunidad de tener vehículo, ahorraba todo cuanto podía, pasaba muy despacio por los huecos así cuidaba los cauchos, los amortiguadores el vehículo no se desajustaba, rotaba los cauchos adecuadamente y sin falta llevaba un registro exacto de los kilómetros recorridos, a la hora de cruzar en una esquina lo hacía suavemente de manera que el peso del vehículo no se apoyara demasiado hacia el lado opuesto donde estaba cruzando, así los cauchos delanteros no perdían muy rápido el borde original en la banda de rodamiento, no aceleraba bruscamente ni patinaba en la arrancada, igualmente no frenaba bruscamente, esto también desgasta más rápidamente los cauchos, si tenía que salir de viajes bien sea de vacaciones o de negocios, y los cauchos no estaban en las mejores condiciones, compraba 4 cauchos nuevos y me iba de viaje, si no tenía para comprar los 4 cauchos, compraba 2 y los colocaba en el tren delantero y dejaba los 2 mejores de los viejitos en la parte de atrás, cuando regresaba de viaje volvía a colocar los cauchos viejos, y guardaba los nuevos ya que aún podían rodar un tiempo más en la ciudad.

Hacia todo cuanto se me ocurría para que los cauchos me duraran lo más posible etc. de esta manera lograba sacarle el máximo provecho y ahorrar dinero, otra cosa que también hice varias veces, era vender los cauchos usados a media vida y ponía el resto del dinero y compraba cauchos nuevos, también te recomiendo comprar cauchos de buena calidad, a la larga te dan un mejor beneficio por kilómetro recorrido, a la hora de rotarlos busca una tiza y marca el sentido en que gira el caucho hacia delante, y asegúrate que el cauchero cuando los monte de nuevo giren en el mismo sentido, esto es muy importante si tus cauchos son radiales, ya que si los colocas a girar en sentido contrario con toda seguridad se ovalaran y los perderás, ocasionándote una gran pérdida, si el caucho es convencional no tienes problema con el sentido de rotación, puedes colocarlos en el sentido que sea, ya que lo que ocasiona que estos se ovalen es la malla de acero que traen en su interior los cauchos radiales que los convencionales no traen.

A la hora de comprar un repuesto para tu vehículo trata de comprarlo original, los remplazos a largo plazo te saldrán más costoso, evalúa detenidamente varias opciones no te decidas por la primera que ves sin darte la oportunidad de adquirir el mismo repuesto que estás buscando pon un menor precio, ten en cuenta que hay muchos negocios, y todos piensan diferentes, unos venden más caros que otros, otros tienen ofertas, otros tienen mercancía de precios viejos etc. En fin has un buen análisis antes de comprar, esto te permitirá ahorrar dinero que aumentaran tus ahorros e inversiones.

El cambio de aceite tienes que hacerlo periódicamente según las normas del fabricante (si tu vehículo es nuevo hazlo solo en el concesionario) y colócale el aceite adecuado según el motor de tu vehículo, no corras riesgos que puedan poner en peligro la vida útil de tu motor, la reparación de un motor es muy costosa, los aceites a simple vista parecen tener viscosidad suficiente para seguir operando pero lo realmente cierto es que no es así, molecularmente se ha operado un cambio en ellos que tú a simple vista no eres capaz de percibirlo, si no lo cambias estarías matando sin saberlo el motor de tu vehículo, tampoco a la hora de agregarle aceite a tu vehículo, porque está consumiendo y es necesario hacerlo, no le eches un aceite distinto al que acostumbras echarle y mucho menos ligues el aceite mineral con el aceites de otra naturaleza, de origen artificial o vegetal, molecularmente hablando son diferentes y las moléculas valga la redundancia no se integran entre si produciéndose una falta de viscosidad no palpable a simple vista que dañaría tu motor en corto tiempo.

Lo digo por experiencia propia, en una oportunidad ignorando esto que acabo de contarte salí de viajes con mi familia, y como el motor me estaba consumiendo un poco de aceite le eche un litro para completar el aceite faltante en el mismo, en ese momento que le mande a echar el aceite, no sabía que estaba ligando dos tipos de aceite (mineral con artificial), me di cuenta tiempo después por un reporte que salió en un periódico local, donde varios ciudadanos al igual que yo habían perdido sus motores por causa de ligar estos dos tipos de aceites, lo peor del caso era que estos aceites debido a la falta de escrúpulos de algunas personas que aprovechándose de la crisis económica que estaba viviendo Venezuela para ese momento, ligaban los aceites con cualquier cosa en envases sellados inclusive, para ganar más dinero.

Este reporte hablaba de las nefastas consecuencias para el motor de los vehículos si se ligaba, esta liga causaba que el aceite se volviera tan espeso como una melcocha pegándose a las paredes del mismo e impidiendo un correcto bombeo del aceite a las diferentes partes del motor ocasionando la pérdida total del motor.

También estaba ocurriendo que estos aceites tanto el mineral como el vegetal estaban siendo ligados con gas-oíl, un combustible aceitoso para vehículos con motores especiales para ese tipo de combustible, esta liga causaba una gran pérdida de viscosidad además de cambiar molecularmente a los aceites, trayendo como consecuencia la pérdida total del motor, mantener un vehículo en buenas condiciones en Venezuela con esas condiciones económicas es un verdadero calvario.

COMO REUNI MI CAPITAL

Esta es una historia real, no le quito ni le añado nada: Durante mi época de estudiante universitario ya con 21 años cumplidos, fui consciente que necesitaba trabajar, mi papa me daba alimentación, vestido y educación, pero solo lo básico, un joven de mi edad necesitaba dinero, para salir al cine, a la discoteca, ropa nueva calzados nuevos, una rumba con mis amigo de vez en cuando etc. etc.

Así que comencé a trabajar con el segundo de mis hermanos mayores, tenía en total tres hermanos mayores, trabajaba medio tiempo de encargado en un negocio de instalación de escapes para todo tipo de vehículos, el otro medio tiempo era cubierto por mi hermano menor, allí aprendí a soldar, oficio que sería posteriormente la base para reunir el dinero que me permitió arrancar mi carrera como emprendedor.

Mis estudios de Administración y contaduría pública en la facultad de Economía de la universidad del Zulia, despertaron ese espíritu de emprendedor que vino conmigo al momento de nacer, (específicamente las materias que hablaban de macro y micro economía), solo que fue por medio de mis estudios Universitarios que salió a flote, es por eso que es de suma importancia capacitarse, la capacitación permitirá al igual que sucedió conmigo que salgan a flote todas esas capacidades que traemos con nosotros a este mundo al momento de nacer.

Mi hermano (el dueño del auto escape donde yo trabajaba medio tiempo) había estado insistiéndome, que comenzáramos a producir los silenciadores que necesitábamos para la instalación en nuestro taller, a lo que yo le respondía que no podía, porque quería graduarme de Administrador en la universidad, esos eran mis planes, pero Dios tenía otros planes.

Ya con 24 años casi 25 (faltaban 5 días para cumplirlos) me nació de una relación informal mi primera hija, por lo que esto traería a mi vida nuevas responsabilidades, fue entonces que le dije a mi hermano que comenzaría a producir con el los silenciadores, seguí mis estudios en la universidad de noche, y comencé a trabajar de día con mi hermano en la producción de silenciadores.

Recuerdo que mi hermano compro los materiales necesarios para comenzar a producir los silenciadores, comencé en una casa en construcción que estaba situada en el patio lateral de mi casa, esta casa en construcción era del menor de mis hermanos mayores, quien para ese tiempo estaba pensando en casarse.

Poco tiempo después comenzó la producción de silenciadores, luego salí a venderlos junto con mi patrón (mi hermano), pero no vendimos ninguno los primeros días, así continuamos por un tiempo, un mes más o menos, pero no lográbamos vender casi nada, estábamos desanimados, no lográbamos concretar casi ninguna venta, se estaba cumpliendo ese dicho tan popular que dice que todo principio es penoso.

Un día mi patrón, (mi hermano), recibió una llamada de un compadre suyo, para que fuera a visitar un cliente que estaba ubicado en la cañada de Urdaneta, (un municipio del Estado Zulia Venezuela), inmediatamente fuimos a visitarlo, de una vez nos llevamos toda la producción que teníamos para ese momento en inventario, que no eran muchos, unos 50 más o menos, si mal no recuerdo.

Llegamos a la Cañada de Urdaneta e inmediatamente llegamos al cliente en cuestión, era un señor ya mayor bastante atento y amable, lo conocimos con el nombre de Miguelito, el mismo nombre de su negocio, este señor vio los silenciadores que estábamos fabricando, los detallo bien, los golpeo contra el piso para ver si estaban bien soldados, gracias a Dios le gustaron, estaban bien fabricados fuertes y resistentes, fabricados con tubería de un buen calibre con un excelente acabado según él, (era un experto en silenciadores).

Nos preguntó cuánto costaban los silenciadores y le pareció bastante razonable el precio que le dimos de los mismos, por lo que decidió comprarlos todos, y no solo eso, pidió 150 más para dentro de 30 días, recuerdo la gran alegría en mi interior cuando este señor nos compró todos los silenciadores e hizo ese pedido, por lo que comenzamos a descargar los silenciadores y llevarlos al depósito, cuando entre allí que pasmado, impresionado.

Era increíble la cantidad de silenciadores que tenía en depósito, nunca en mi vida había visto tantos silenciadores juntos, tenía grandes y muchos armarios llenos de silenciadores, los silenciadores que yo estaba descargando parecían unos cuantos granos de arroz dentro de una gran olla de arroz.

El señor Miguelito no solo nos canceló de una vez los silenciadores sino que nos pagó al contado y en efectivo, algo impensable para nosotros en ese momento, nosotros estábamos dando a los poquitos clientes que teníamos 15 y 30 días de crédito, pero el señor Miguelito nos pagó de contado, por lo quedamos congelados impresionados de alegría, si era su intención impresionarnos y dejarnos pasmados, lo logro, y valla que lo logro.

Ya en camino de regreso mi hermano y yo veníamos muy contentos y haciendo nuevos planes, tanto que fuimos de una vez a Hierro Mara (Empresa proveedora de la tubería, soldadura y todo lo necesario para producir los silenciadores), ordenamos un pedido capaz de producir todos los silenciadores que el señor Miguelito nos había encargado.

A partir del momento que sumamos al señor Miguelito como cliente, el negocio de fabricación de silenciadores comenzó a crecer rápidamente, cada vez que llegábamos con un pedido el señor Miguelito inmediatamente nos hacia otro igual o más grande que el anterior, sin temor a equivocarme el señor

Miguelito tenía en sus depósitos existencia de silenciadores para por lo menos 30 años de trabajo sino más.

Es decir que si el señor Miguelito dejaba de comprar silenciadores por completo, a mi hermano y al resto de proveedores que tenía, tendría inventario para trabajar por lo menos 30 años, es decir que posiblemente, sus nietos estarían instalando silenciadores que su abuelo compro.

Silenciadores Universales para todo tipo de vehículos

Viendo que el señor Miguelito era un excelente cliente, capaz de mantenerme produciendo una buena cantidad de silenciadores todos los días, le puse como condición a mi hermano que me pagara por producción y no por sueldo, a lo cual el acepto.

Esto me dio la oportunidad de poner en práctica todo el conocimiento administrativo adquirido en la universidad que tenía para el momento, aplicando ciertos correctivos y ajustes de ingeniera de producción me permitieron aumentar la misma de forma significativa.

Los ajustes que incorpore en la producción de silenciadores me permitieron aumentar la producción de tal manera que ganaba por lo menos el equivalente a 10 salarios mínimos para la época.

Es cuestión de pensar un poco analizar bien el proceso de producción, hacer ajustes en el proceso del mismo, aplicar en la medida de lo posible una *línea de producción* (busca en internet para que sepas que es), esto te permite aumentar de forma significativa la misma, también ordenar la maquinaria de tal modo que pierdas el menor tiempo posible en la producción de las partes que conforman el producto final.

Si es posible pagar al personal por producción e incentivarlos con bonos de producción, horas extras bien y puntualmente pagadas, lo mismo que el salario básico, bonos de asistencias y demás beneficios de ley.

Un trabajador contento es un aliado de tu crecimiento, se acostumbran a ver su trabajo como parte de sí mismo, un trabajador contento cuida tus intereses y además lo hace con agrado, un trabajador contento lo pensaría muchas veces el faltar al trabajo, hacer algo indebido y mucho menos renunciar.

En cambio un trabajador descontento, es tu enemigo, no solo tuyo si no de tu patrimonio también, no ve tu éxito con buenos ojos, todo lo contrario, en su mente solo está en desear y hacerte daño en lo que pueda sin ser descubierto, puede incluso sabotear el proceso de producción alterando el mismo en lo que pueda como dije antes sin ser descubierto, para perjudicarte, como dije antes es tu enemigo pero peor aún disfrazado de amigo.

Te doy un buen consejo: cumple fielmente sin pérdida de tiempo con los compromisos laborales, paga todos los beneficios a lo que estas comprometido y no socialices demasiado con tus empleados y proveedores más allá de tus compromisos básicos y contractuales, (separa la amistad de los negocios) se cordial, respetuoso, amable pero sin dar confianza más allá de tu relación patronal con tus empleados, si puedes contratar una persona de reputación impecable que se encargue de todas estas cosas, que sea el único responsable ante ti, sería estupendo muy beneficioso para ti tu familia y tu empresa.

Volviendo al tema como reuní mi capital, me propuse un plan de gastos y ahorros el cual seguiría fielmente y al pie de la letra, no permitía bajo ninguna circunstancia salirme ni a derecha ni izquierda de este plan, el plan consistía en gastar solo una determinada cantidad de las ganancias de ese momento era más o menos el 25% de lo que ganaba, era soltero aun, mi único compromiso era mi hija, por eso podía reunir esa cantidad, si tú no puedes ahorrar esta cantidad, ahorra lo que puedas, pero ahorra, te llevara un tiempo más, pero por lo menos ya empezastes y estas en el camino correcto.

Tenía la ventaja que aún vivía con mis padres y no gastaba nada para mi alimentación ni vivienda, por lo que aproveche al máximo este hecho para poder ahorra más por un buen tiempo.

Si por alguna razón esa semana me excedía en mis gastos, pedía crédito o prestado a mi hermano o amigos, pero no tocaba los ahorros, este pequeño préstamo lo cancelaba con el dinero correspondiente al gasto de la semana siguiente, fui muy consecuente y disciplinado con esto, no me permitía fallar, se trataba de mi éxito, y eso no es cualquier cosa.

Otra cosa que comencé hacer al mismo tiempo fue comprar becerros pequeños o machos ya en etapa de adultez, en la medida que fuera alcanzando el dinero suficiente para tal fin, tenía la ventaja eso sí, que mi hermano, es decir mi patrón, tenía una finca, esto me permitía comprarle los becerros a el mismo, íbamos hasta su finca lo marcábamos de tal manera que no se confundiera con los demás animales del rebaño, los terneros te ofrecen la ventaja que mientras tu estas trabajando, durmiendo o lo que sea, ellos están creciendo, ganando peso para ti, dándote ganancias aunque tú no estés presente.

Ahora tenía dos fuentes de ingresos que me permitían aumentar mi capital, así continúe por un buen tiempo llegue a tener 13 becerros, estos los vendí y obtuve el dinero suficiente para pagar la inicial de una pickup C-10 Chevrolet año 84, con esta camioneta subí a mi siguiente nivel, me convertí en vendedor, en lugar de fabricar los silenciadores, ahora los vendía, ganaba como tres veces más y trabajaba mucho menos, continúe aplicando el mismo método de trabajo y ahorros, comprando más y más becerros.

Pasado un tiempo mi hermano vendió la fábrica de silenciadores, con la condición que el nuevo dueño me absolviera como vendedor, es decir me dieran un cupo como vendedor, lo cual hicieron, pero por un tiempo no muy largo, utilizaron una mala práctica para sacarme del mercado, traicionaron la palabra empeñada a mi hermano, esta práctica consistió en que visitaron a todos y cada uno de mis clientes y les vendían los silenciadores más baratos que como me los vendían a mí, por lo que mis clientes dejaron de comprarme y le compraban a ellos, me sacaron del mercado me quede sin empleo, todos los ahorros se fueron en gastos, pago de letras de la pickup que había comprado y mi matrimonio que ya estaba adelantado en sus preparativos, si lamentablemente me quede sin empleo poco antes de casarme.

Al quedarme sin trabajo poco tiempo antes de contraer matrimonio, conseguí un empleo como asistente de chofer llevando quesos hasta Caracas la capital de Venezuela con el menor de mis hermanos mayores, estuve viajando para Caracas durante 5 meses más o menos, luego del cual mi hermano (el que era mi patrón) me ofreció una ruta de venta de quesos que unos señores le habían quedado mal y no le estaban pagando oportunamente, por supuesto que acepte y comencé en esta ruta de venta de quesos de matera producidos en la finca de mi hermano.

El ayudante de la ruta en cuestión, quien se había quedado como condición de los antiguos dueños de la ruta de quesos, era muy honrado, eficiente, dispuesto y no faltaba al trabajo, así que comenzamos a trabajar, atendiendo los clientes que existían de los antiguos dueños y buscando nuevos clientes, por lo que aumentamos significativamente las ventas, esto me permitió seguir con el hábito acostumbrado de ahorro.

Luego de pasado un tiempo compre una cava cuarto a uno de mis clientes a quien yo lo surtía de quesos, con los ahorros acumulados hasta ese momento, para poder almacenar más quesos en depósito, así de esta manera pude aumentar más las ventas aun, y ahorrar más dinero cada vez, en vista de esto decidí ampliar más aun la ruta, con lo que empecé con esto a comprarle quesos a mis otros 2 hermanos mayores, quienes me vendían toda su producción, además conseguí 2 proveedores adicionales, en total había aumentado las ventas como un 400% más o menos, mis 3 hermanos mayores quienes eran mis proveedores me daban crédito, por lo que estaba altamente endeudado con ellos, así continúe por un buen tiempo, pero no me preocupaba todo ese dinero estaba en cuentas por cobrar, más temprano que tarde regresaría a mis manos.

Trabaje fuertemente, responsable en mis pagos con los proveedores de quesos, mi forma de ahorro para ese momento era ir abonando todo lo que podía a mis hermanos mayores hasta que les pague a todos por completo, luego de esto continúe ahorrando dinero, ahora yo les prestaba dinero a ellos, es decir me convertí en su acreedor luego de ser deudor de cada uno de ellos, fue entonces que mi espíritu emprendedor me llevo a soñar más aún.

Aproveche que el menor de mis hermanos mayores con el aval de mi papá pidió un préstamo agrícola al banco para comprar unas tierras que le estaban vendiendo, paro lo cual yo me anote con 10% del monto, esto lo sume con los ahorros que tenía para el momento y me compre una pickup Chevrolet aún más grande una C– 150 algo vieja pero en buenas condiciones, además de un camión Chevrolet C-350 para reparar que lo tenían arrumado, quería seguir ampliado la venta de quesos y así lo hice.

La pickup Chevrolet C-150 la vendí al poco tiempo de haberla comprado, se la vendí a un proveedor de quesos que tenía para ese momento en un pueblo llamado Molinete que quedaba como a dos hora de Maracaibo, con esta venta, termine de reparar por completo el camión Chevrolet C- 350, al cual le monte una cava con gran capacidad para poder comprar y vender más quesos, compre con el resto del dinero que me quedo más quesos para ampliar el inventario de los mismo y poder vender más aún .

Con este camión pude ampliar aún más las ventas de quesos, todo iba muy bien, conseguí muchos clientes más, hasta que surgió un desfalco en la ruta de quesos, fue un gran descuido mío, un grave error que pague muy caro, no realice a tiempo las supervisiones necesarias, cuando lo hice era demasiado tarde, el exceso de confianza que el vendedor le había dado a los clientes pasaron factura, muchos no pagaron, otros pagaron a medias, total tuve muchas pérdidas.

Fue entonces que se me ocurrió montar una fábrica de pastelitos simultáneamente con la venta de quesos aprovechando que tenía queso suficiente y mi hermano menor y uno de los mayores tenían camiones de reparto de harina de trigo a panaderías y pastelerías, este hecho me permitió tener los dos principales productos para fabricar tequeños y pastelitos, comencé con la fábrica, pero esta me genero perdidas por un buen tiempo, arranque sin conocimiento y experiencia, solo tenía como herramientas de trabajo mi juventud y algo de conocimiento de Administración y contaduría pública, era la carrera Universitaria que estaba estudiando al momento de mi comienzo, tú no tienes por qué cometer tantos errores, hoy día hay mucha información disponible, sobre todo en internet, que te ayudaran a minimizar los riesgos en cualquier cosa que emprendas.

Cuando ya logré que la fábrica se convirtiera en un éxito deje de vender quesos, estos tenían varios factores negativos en contra, para empezar había que venderlos a crédito, en verano cuando las lluvias no caían y regaban las tierras para producir pastos, las ventas aumentaban, pero entonces el queso no se conseguía, y si se conseguían, se conseguían pocos y caros, afectando así mi margen de ganancias, la gran mayoría de los productores aprovechaban para enviar los mismos a Caracas la capital de Venezuela, allí los pagaban mucho mejor que en Maracaibo (Estado Zulia Venezuela) que era la región donde yo vivía.

En invierno cuando llegaban las lluvias entonces sucedía todo lo contrario, los quesos bajaban de precio demasiado rápido, trayendo como consecuencia que compraba quesos a un precio que a la semana siguiente costaba menos, como consecuencia tenía que venderlos a menor precio, es decir yo tenía que vender un queso a un precio menor del que me había costado, esto por supuesto me generaba grandes pérdidas porque había bajado nuevamente, y yo tenía que venderlos al precio del momento no al precio de la semana pasada, esto pasaba todos los años y no me afectaba tanto como lo estaba haciendo últimamente, debido en gran parte que ahora entraba al mercado mucho queso más barato de la hermana república de Colombia, haciendo mucho más difícil la comercialización del queso Venezolano que era más caro.

Todas las semanas bajaba de precios por lo menos por dos meses consecutivos, esto me descapitalizaba, fuertemente, sobre todo porque en ese tiempo uno adquiría un compromiso de honor con el productor de quesos donde este se comprometía a venderme su producción por todo el año y yo a comprárselo en las buenas y en las malas.

Es decir yo estaba obligado a comprar toda la producción de quesos aunque estuviera perdiendo dinero, lo único bueno de esta situación es que los proveedores de queso te daban más tiempo de crédito, al menos eran conscientes.

Recuerdo un año ya teniendo la fábrica de pasteles y tequeños en franca producción, que hubo tal abundancia de quesos, bajo tanto de precio que llegaban otros productores que yo nunca había conocido ofreciendo quesos a muy bajos precios, con tal que no se les pudriera los dejaban muy económicos, lo dejaban a crédito has por un mes, la entrada de queso colombiano nos estaba afectando a todos.

Aproveche esta situación y compre alrededor de 10000 kilos de quesos en un lapso de 2 meses, estos quesos los prepare como queso de año, este es un queso muy rico y popular en Venezuela, este se prepara pintándolos con una mezcla de pimienta, café o aliño también conocido como onoto, sal, mantequilla y ácido bórico para que no se llenen de gusanos.

Esta especie de pintura le hace agarrar un sabor inigualable al queso con el paso del tiempo, por eso se llama queso de año, este almacenamiento de quesos lo vendía meses después cuando llegaba el verano o tiempo de sequía donde el queso agarraba precio, se ponía caro producto de la escasez, recuerdo que con este dinero pude construir mi casa, una gran y cómoda casa.

Hoy sé que el haber comprado un terreno y construir una casa con ese dinero fue uno de los más grandes errores que cometí, yo debí haber invertido ese dinero en un negocio, compra de bonos, acciones, o cualquier inversión que generara utilidades y no gastos como lo hace una casa.

Debí haber hecho lo que venía haciendo: invertir en mi propia fábrica, debí haber invertido en hacer crecer más aun mi propia fábrica, esta posteriormente me hubiera dado una mejor, más grande y mejor casa con una mejor ubicación inclusive, luego entonces hubiera tenido una mejor casa y una fábrica más grande.

Era inexperto, con poca experiencia en el mundo de las finanzas, con poca experiencia en el manejo del dinero, pero a ti no tiene que pasarte eso, debes empezar cuanto antes a capacitarte adecuadamente en que y como invertir el dinero, debes aprender cuales inversiones te convienen más, tener mucho cuidado porque no todas las inversiones son rentables, no todas generan utilidad, de hecho hay inversiones que arruinan, por eso la importancia que tiene la capacitación, debes saber en todo momento que hacer, no andar a tientas, no andar a ciegas.

Debes estar preparado para cuando te lleguen oportunidades como estas, y te llegaran no lo dudes, has oído hablar de que el dinero llama dinero?, es una de las más grandes verdades que he escuchado, cuando tú tienes dinero, este funciona como un imán de atracción de oportunidades buenas y malas, tú tienes que aprender por medio de tu entrenamiento, tu capacitación y tu experiencia saber distinguir entre las oportunidades buenas y las malas, y aprovechar aquellas que te rindan mejores beneficios para seguir creciendo.

No hay otra forma más eficaz de tener éxito financiero que el conocimiento adecuado y aplicarlo en el momento oportuno, el mismo conocimiento te hará saber con altas probabilidades de éxito cual es el momento oportuno, tener el conocimiento adecuado es la clave para tener éxito en los negocios, por lo cual no solo basta el conocimiento general para tener éxito, necesitas un conocimiento específico del área en la que decidiste trabajar, no seas como alguna personas que tienen mucho conocimiento general, pero no dominan el conocimiento pertinente y especifico al negocio que se dedican, no seas como el panadero que se dedica al ramo de la ferretería, o el comerciante que invierte todo su dinero en comprar hielo en invierno para montar una cadena de ventas de helados, o la persona que monta un local de comida rápida en un camino rural donde pasa un vehículo cada media hora, aunque no lo creas existen personas así, tienen mucho conocimiento general pero ignoran el conocimiento específico que necesitan para tener éxito.

Nota: Con respecto a la excesiva compra de silenciadores que el señor miguelito hacía, yo pienso que es una excelente forma de ahorrar e invertir al mismo tiempo, es mucho mejor que tener el dinero guardado en efectivo debajo del colchón o en el banco donde además corre el riesgo de verse afectado por la inflación, porque entre más silenciadores el tuviera en inventario, esto le permitía dar mejores ofertas de instalación completa, a los clientes, esto le permitía tener mejores precios que ninguno de su competencia, además de tener liquidez inmediata para el funcionamiento de la empresa y seguir reinvirtiendo en la compra de más silenciadores, seguro estoy sin temor a equivocarme que cada silenciador que el instalaba en su negocio, tenía por lo menos 15 años de antigüedad en el depósito, imagínate vender a precio de hoy un producto que compraste hace 15 años, no solo un producto sino muchos productos, y vender dentro de 15 años un producto comprado a precio de hoy, sin duda una excelente estrategia que puedes aplicar si el producto que fábricas o comercializas te lo permite.

Que inflación, que devaluación de la moneda (como ocurre muy seguido en Venezuela), puede con este tipo de estrategia comercial, ninguna por muy agresiva que sea.

Lamentablemente esta estrategia no se puede aplicar con todos los productos, solo con aquellos que no caducan, no se vencen, no se pudren, como los silenciadores por ejemplo, hay muchísimos más productos que cumplen con estas características, solo es cuestión de investigar, para eso tienes el internet gracias a Dios.

En mi fabrica yo utilice una técnica similar, en época de ofertas tanto en harina de trigo, como margarina y quesos, aprovechaba estos descuentos en la medida de lo posible, pero el queso me permitía más ventajas, este una vez al año en épocas de lluvia bajaba bastante de precio, las lluvias hacían crecer el pasto muy rápidamente, entonces las vacas aumentaban considerablemente la producción de leche dando lugar a un aumento significativo en la producción de quesos y consecuente baja de precios del mismo, esta baja en los precios del queso era bastante considerable, entonces yo aprovechaba para llenar la cava cuarto, previo tratamiento con agua salada a cada uno de los quesos, para que no perdiera su frescura y calidad, esto me permitía tener unas magníficas ganancias adicionales, además de solventar los problemas de producción que todos los años tenía con la llegada de la temporada de sequía, donde se producía el efecto contrario a la época de las lluvias, donde los pastos se secaban, las vacas producían poca leche dando lugar a un importante aumento de precios del queso producto de la escases del mismo y consecuentemente dando lugar a escases de producción en mi fabrica.

CONSEJOS PARA EL AHORRO

Consejos para ahorrar además de guardar el 10% como mínimo de tu sueldo de tus ingresos guarda todas las monedas que te den cuando hagas una compra, te sorprenderás con la cantidad de dinero que ahorrarás durante un año.

Nunca compres por impulso, Piénsalo muy bien, consultarlo con la almohada por lo menos un día antes de comprar, así tendrás más claridad mental en cuanto a si realmente necesitas o no ese producto, y no harás compras del cual después te arrepentirás, es sorprendente la cantidad de personas que se arrepienten de comprar algo al poco tiempo de haberlo hecho, así que te conviene hacer un balance por escrito de los pro y los contra de comprar algo, de esta manera si efectúas una compra lo harás a conciencia y casi seguro no te arrepentirás.

Nunca salgas a la calle con hambre y mucho menos acompañado o en familia, salir con hambre a la calle es un enemigo mortal para tu economía y por ende para tus metas y propósitos.

Piensa con mucho cuidado el uso de las tarjetas de crédito, utilízalas para comprar sólo aquello que puedas pagar en su totalidad antes de la fecha de vencimiento, y que hayas reflexionado previamente si realmente lo necesitas.

Endeudarse lo más que puedas con las tarjetas de crédito sólo es recomendable en los países con procesos inflacionarios constantes, cuando el porcentaje de inflación mensual de la economía sea mayor al porcentaje de intereses mensual que cobra la tarjeta, en ese caso tu deuda más los intereses te rendirá un beneficio que te aconsejo aproveches.

Destina por lo menos el 10% de tu sueldo y de tus ingresos al ahorros, (págate a ti mismo primero) al igual que destinas un presupuesto para los gastos hazlo igualmente para el ahorro, este es el pago primero y principal que debes hacer, si quieres tener éxito financiero a largo plazo.

Págate a ti mismo primero, cuando cobres tu salario o tengas ingresos extras, (págate a ti mismo primero), prémiate a ti mismo antes de realizar cualquier gasto, si pagas el colegio de tus hijos o la Universidad, si pagas los servicios públicos etc. así que adquiere el hábito de pagarte primero a ti, después de todo eres tu quien más lo mereces, tu eres el que produce, tú eres el que trabaja.

Compra en rebajas, hay momentos en que los supermercados o los grandes negocios de venta de productos sacan al público grandes rebajas sobre todo al fin de cada temporada, porque necesitan llenar sus depósitos y anaqueles con los artículos nuevos de la temporada correspondiente.

Cuando vayas a comprar víveres llévate una calculadora para que saques la proporción de lo que estás obteniendo por el dinero que estás pagando, ejemplo si compras 1/2 kilo de café y te cuesta 1 $, pero el mercado tiene el mismo café pero en presentación de 1 Kg y vale 1.5 $, cómpralo, así te estarás ahorrando 0.5 $ y quizás la próxima vez que salgas a comprar no tengas que comprar café, aplica esto en la medida de lo posible a todos los productos, los fabricantes venden mayor cantidad a menor precio porque en envases más grandes pueden vender más cantidad y ahorrar una cantidad de dinero en costos que lo traducen en ofertas a sus productos.

Cuando llegues a un nivel donde hayas acumulado una buena cantidad de dinero suficiente de ahorro busca la manera de invertirlo rápidamente sobre todo si vives en un país latinoamericano donde la inflación se come el capital, esto por supuesto de que tan rápido la inflación devalúa la moneda local.

Puedes comprar y criar becerros, cochinos, gallinas ponedoras etc. algo que te genere una renta una ganancia, si no sabes que hacer puedes comprar un bien de consumo masivo al mayor como refrescos, agua embotellada, arroz, azúcar etc. y venderlo más adelante antes de su fecha de vencimiento y cuando necesites el dinero para invertirlo, si no tienes suficiente dinero como para comprar al mayor, puedes comprar pequeñas cantidades por un tiempo hasta que sepas en que vas invertir, esto con el objeto de proteger tu dinero de la inflación.

LA HISTORIA DE MI EMPRESA

Te voy a contar la historia de cómo llegue a tener éxito en mi empresa Alimentos Addian c.a. Esta historia no está exenta de errores todo lo contrario, está plagada de ellos, a pesar de los mismos aun así tuve éxito, imagínate cuanto más tendrás tú con menos errores, con todo el conocimiento que puedas acumular para minimizarlos, te lo cuento para que te des cuenta que cuando uno no se desanima, no se da por vencido y por el contrario aplica a su favor la experiencia ganada, es posible tener éxito, o mejor dicho con toda seguridad tendrás éxito.

Después que mi hermano (mi patrón) vendió la fábrica de silenciadores y me quede sin trabajo me hice cargo de una ruta de ventas de quesos a bodegueros, pulperías, panaderías y abastos, estos son pequeños negocios familiares que funcionan en barrios y comunidades de mi ciudad Maracaibo Venezuela, a estos negocios les vendía quesos de matera, estos son una modalidad de quesos artesanal muy popular en Venezuela, tanto que conforman una gran industria a nivel nacional.

Al mismo tiempo tenía dos hermanos más que trabajaban repartiendo harina de trigo a gran parte de las panaderías de la ciudad, por lo que se me ocurrió que yo podía montar una fábrica de pastelitos y tequeños (otra industria muy popular per en Maracaibo) ya que contaba con los 2 ingredientes principales como eran el queso y la harina de trigo, además de la ruta de bodegueros a quienes le vendía quesos, donde podía distribuir la producción de los mismos.

Así que comencé comprando producto de mi falta de experiencia y conocimiento unas maquinitas desechables para laminar, y amasando a mano, también alquile una cava refrigeradora para guardar la producción de pastelitos, ya que en mis comienzos no fabricaba tequeños, también contrate dos empleados (sin ningún conocimiento al igual que yo en el ramo, error garrafal, no debes dedicarte a nada que no conozcas lo suficiente) para que fabricaran, pero como era de esperarse la falta de conocimiento y experiencia de ellos también paso su factura.

Casi toda la producción en su totalidad era devuelta por los clientes, porque la harina de trigo tiene la particularidad que se pega en las manos o cualquier cosa cuando esta pasada de agua, algo que desconocíamos en ese entonces, de hecho las fábricas que se dedican a la producción de pastelitos y tequeños cuentan con una fórmula que les permite producir sin perdidas por concepto de masas pasadas de agua.

Luego de pasado un tiempo tuve que parar la producción, no podía permitirme seguir perdiendo, tantas devoluciones y tan seguidas de mercancía me estaban haciendo perder mucho dinero, invertir en los pastelitos y tequeños se estaba convirtiendo en una pesadilla, era como echar tus ahorros en un saco roto, paso un tiempo en el cual aproveche para asesorarme bien por qué se pegaban los pastelitos, para lo cual acudí a un muy buen amigo que por esas cosas de Dios me di cuenta trabajaba en una fábrica de pastelitos, este me asesoro en lo relativo a la preparación de las masas, incluso me dio la proporción de agua e ingredientes por kilo de harina para que no se pegaran, esto me animo por lo que decidí vender el camión con el que repartía los quesos para invertir en la fábrica de pastelitos.

Con el dinero de la venta de este camión comencé de nuevo, mande a fabricar dos máquinas, (las ventas de queso habían bajado sustancialmente), una para amasar y otra para laminar la masa y poder fabricar los pastelitos y los tequeños, en esta oportunidad fui más lejos aún, ya que alquile un local para vender fritos y crudos a la vez, además de vender crudos en la ruta de reparto de quesos, ahora contaba con una maquinaria capaz de producir grandes cantidades.

En el local que alquile las cosas comenzaron a ir un poco mejor aunque no del todo, continuaba teniendo perdidas, para ese momento solo se vendían un poco los pastelitos de carne y pollo, ya que los de papa y queso (que eran los que más le gustaban a la los clientes y por ende los que más se vendían) al momento de freírlos se explotaban y llenaban el aceite con su contenido, acarreando grandes pérdidas que eran absorbidas por el negocio o ruta de ventas de quesos a pulperías, abastos y bodegueros.

Los pastelitos de papa y queso eran los únicos que me presentaban problemas, ya que eran los que se explotaban, aun no fabricaba tequeños para ese momento.

Para ese entonces yo contaba con un vendedor independiente de productos crudos y congelados quien había logrado hacer algunos clientes a pesar de los inconvenientes que presentaban los pastelitos de queso y papa, (este vendedor era el mismo ayudante de la ruta de repartir quesos, yo le serví de fiador para comprar un vehículo usado para vender los pastelitos) estos inconvenientes me llevaron casi a la bancarrota por segunda vez, tantas devoluciones estaban haciendo mella en la fábrica y amenazaban con cerrarla nuevamente.

Así paso el tiempo, aunque a veces los pastelitos de papa y queso no se reventaban, pero de pronto comenzaba esta pesadilla nuevamente, otra cosa que tú debes hacer todo el tiempo: busca siempre el consejo de los que ya están obteniendo resultados, ellos conocen secretos que harán funcionar mejor tu negocio y que tu ignoras, nunca pidas consejos a aquellos que han fracasado, porque te pasara igual que a ellos, por ejemplo: imagínate que tú tienes el mismo problema que yo, (tus pastelitos de papa y queso se están reventando) y me vienes a preguntar a mí que hacer para que no se revienten, que buen consejo te puedo dar yo? Ninguno por supuesto, si haces lo que yo estoy haciendo te pasara igual entiendes?, obtendrás los mismos resultados que yo.

Así pasaron algunos meses, cerré el local que había alquilado y abrí otro más céntrico y mejor ubicado, para ese entonces ya fabricaba tequeños y otros sabores de pastelitos, pero la intermitencia en la explosión de los pastelitos de queso y papa no había terminado.

Con el paso del tiempo esta situación se había convertido en una monotonía, una pesadilla, no hallaba que hacer, no hallaba que pensar, no encontraba una solución a la explosión de los pastelitos de queso, ni siquiera se me había ocurrido salir a preguntar a otros fabricantes de pastelitos, tenía que tomar una decisión urgente no me podía permitir seguir perdiendo dinero.

Para ese entonces ya teníamos la semana santa muy cerca, por lo que dije: me voy de vacaciones y luego tomare una decisión con respecto a seguir fabricando pastelitos o no, quería despejar mi mente para poder tomar la mejor decisión, y que mejor que una semana de vacaciones despejado y sin preocupaciones.

Mi familia nuclear y yo, acostumbrábamos a irnos de vacaciones en semana santa para unas tierras pertenecientes en sociedad a mis 3 hermanos mayores y mi papa, que estaban situadas en la sierra de Perijá, este era un sitio de un clima templado muy agradable donde convergían dos ríos que nacen en la hermana república de Colombia, conocidos como rio lajas y rio palmar.

Antes de trasladarnos allá con toda nuestra familia, nos

íbamos una semana antes y preparábamos el lugar, acondicionábamos bien todo el lugar, en esa oportunidad decidimos levantar una enramada, una especie de choza de palmas al estilo de los aborígenes de Venezuela, lo cual hicimos, pero no nos dio tiempo cortar las hojas de palmeras para techarla, por lo que decimos que la semana entrante cuando regresáramos ya con la familia, la techaríamos con las palmas, después de todo nos íbamos por 3 o 4 días, así que nos marchamos y emprendimos el viaje de regreso.

A la semana siguiente cuando llegamos con toda la familia, algunos amigos invitados con sus respectivos familiares, y nos disponíamos a techar la choza, nos dimos cuenta que no llevamos ni hacha ni machete para cortar las mismas, por lo que fuimos a la casa de los peones de mi hermano mayor, quien para ese entonces estaba a cargo de esas tierras, para que nos prestaran algo para cortar las palmeras que necesitábamos para techar la enramada.

Cuando llegamos a la casa de los peones, mi hermano mayor me dijo que lo único que tenía para prestarme era un machete que estaba partido por la mitad y un hacha que estaba amellada, sin filo mejor dicho.

No teníamos más opciones, la familia ya estaba allí y necesitábamos techar la enramada, era eso o quedarnos en pleno sol o debajo de los árboles, así que comenzamos a revisar una por una las matas de cocos que habían en la finca, y aunque no lo creas fue hasta ese momento que nos dimos cuenta que las pocas matas de coco que existían eran muy altas para poder treparlas y cortar las palmas, además tenían muy pocas palmeras, por lo que no alcanzarían para echar toda la enramada, esta era más o menos grande.

En vista de la situación decidí buscar otras opciones, fue cuando entonces mire hacia los potreros o terrenos de la finca a ver que árbol me podía servir para techar la enramada, vi en la distancia unos árboles que allá en esa zona son conocidas como coquillo, estas eran unas palmeras silvestres que se encontraban en todas esas tierras, yo las había visto muchas veces, pero fue hasta ese momento de necesidad que les preste atención, por lo que decidí ir a cortar las palmeras que necesitábamos.

Prepare dos grupos de tres hombres cada uno, equipados, uno con el machete mocho, el otro con el hacha amellada y una cava con hielo refrescos y bastantes cervezas para cada uno de los grupos.

Nos adentramos en aquellos terrenos y estando ya en el sitio debajo de una de esas palmeras de coquillo, me di cuenta que eran inmensas, eran por decirlo de alguna manera matas de cocos gigantes, siempre las había visto a lo lejos, nunca había estado hasta ese momento debajo de una de ellas, no hubiera podido imaginar nunca lo grande que eran, es como ver un avión volando y luego ves el mismo avión en tierra, te das cuenta lo realmente grande que es, mientras estaba en el cielo volando se veía pequeño, pero cuando en tierra lo ves de cerca te das cuenta cuán grande es y no puedes creerlo, eso mismo me paso a mí con estas matas de coquillo, no supe que tan grandes eran hasta que estuve debajo de ellas.

Fue allí debajo de esa mata de coquillo que el otro grupo quien tenía el machete mocho se retiró desanimado al ver la inmensidad de esa mata a seguir buscando más opciones, al ver esa inmensa mata de coquillo pensaron que era imposible derribarla con las herramientas que teníamos para ese momento, y de verdad confieso que cualquiera que hubiera estado debajo de ese árbol tan descomunal hubiera pensado lo mismo, pero yo no, yo tenía otra perspectiva, los estudios que tenía para ese momento y el habito que tenia de leer, habían permitido que yo gozara de un conocimiento que generara ideas como en efecto sucedió.

Los otros dos integrantes de mi grupo siguieron adelante, pero yo me que debajo de esa mata pensando y mirando hacia arriba viendo la cantidad de palmas que contenía, decía para mí mismo: si la derribamos tendríamos más que suficiente para techar la enramada, a lo lejos miraba al otro grupo, cada vez que llegaban a otra mata de coquillo con la misma seguían avanzando, los dos integrantes de mi grupo se habían detenido más adelante al frente de otra mata de coquillo más pequeña que no tenía suficientes palmas, no nos habrían alcanzado para techar la enramada, los llame entonces para comunicarles una idea que se me había ocurrido.

Les dije: esta mata de coquillo es tan grande que para poder abrazarla tendríamos que unirnos y hacerlo entre los tres, más sin embargo esta mata es familia de la mata de coco, y al igual que esta debe ser dura por fuera y blanda por dentro, les dije: somos tres, pero cuando llegue el otro grupo seremos 6, además tenemos suficientes refrescos y cervezas para refrescarnos mientras la cortamos, si cada uno le da 25 hachazos con fuerza, cuando nos toque otra vez el turno ya estaremos descansados y podrá dar 25 hachazos más.

Si continuamos así sin parar podremos derribarla entre todos, les pareció bien mi idea y fue así como aceptaron, entonces comencé yo, cuando le di el primer hachazo esta reboto como una pelota de goma, no le hizo nada, pero no me desanime, continúe golpeándola con el hacha contando mis lances, fue más o menos en el hachazo número 17, no recuerdo exactamente, que pude hacerle daño, luego de haber quebrado la corteza la parte dura, efectivamente era como lo había pensado: Este árbol de coquillo al igual que la mata de coco era blanda por dentro, así seguimos más o menos por una hora y aun no llegábamos a cortar el primer cuarto del tronco, era inmensamente grande.

En ese momento mi hermano mayor quien venía llegando en ese momento con uno de los obreros de la finca dijo estas palabras: quien fue el loco que decidió cortar esta mata tan grande y no se desanimó, inmediatamente con aquellas palabras que mi hermano mayor había dicho, me quede pensando sin decir nada a nadie, solo pensaba, dije para mí mismo: si no pudo esta gran mata de coquillo, si pude implementando una estrategia, derribarla, no voy a poder con la fábrica de pastelitos y tequeños? No voy a poder implementar una estrategia para tener éxito en mi fabrica? Fue así que en ese momento decidí continuar y no dejarme vencer, por nada ni por nadie.

Ya de regreso en mi fábrica, recuerdo que era el primer lunes después de aquella semana santa, que estaba fabricando junto a dos trabajadores que tenía para ese momento lo poco que teníamos que entregar, cuando de repente se presentó un cliente del menor de mis hermanos mayores a quien este le vendía toda la producción de quesos, este era otro pastelero, se presentó allí en mi fabrica a buscar unos cuantos kilos de quesos prestados de parte del menor de mis hermanos mayores, aproveche entonces y le pregunte porque se explotaban los pastelitos de papa y queso.

Este señor quien también tenía una fábrica mucho más grande y más antigua, que la mía, vio que yo estaba usando la harina de trigo equivocada, yo estaba usando una harina de trigo para pan y no para pastelitos como era lo ideal, es más mi falta de experiencia era tan grande que ni siquiera sabía que existía una harina especialmente hecha para la fabricación de tequeños y pastelitos, este señor me dijo inmediatamente el error que estaba cometiendo, con la explosión de los pastelitos de queso, además me dijo dónde podía comprar la harina correcta.

Me dijo que los pastelitos de papa y queso se reventaban porque el queso que yo utilizaba era de poca sal, que estos pastelitos requerían de un queso con un buen punto de sal y escurrido, es decir que no esté votando suero,(suero se le dice al residuo líquido que queda después de la extracción de los sólidos de la leche para convertirlos en queso).

Luego de esto yo me encargue de investigar porque se necesitaba un queso con un punto determinado de sal?, la respuesta que encontré fue que la sal con sus características preservativas lograban que las bacterias muertas por el mismo proceso de elaboración del queso, que estaban presentes en la leche, al morir como todo ser vivo produce gases en su descomposición (esto a su vez es lo que produce los huequitos presentes en el queso, no son más que burbujas de gases).

La sal impide que estas bacterias se descompongan, y produzcan los gases que hacían explotar con el calor los pastelitos, es decir mis pérdidas tenían su origen a nivel microscópico y yo no lo sabía.

La solución a todas nuestras pérdidas o nuestros fracasos existe, el problema es que lo ignoramos, el problema radica en nuestra falta de conocimiento, por eso es importantísimo, es supremamente importante que te especialices en el negocio que decidas emprender y no dejes nada al azar, no dejes nada a la suerte, la suerte se la crea uno mismo con lo que hace, si haces las cosas bien te ira bien (buena suerte), pero si haces las cosas mal te ira mal (mala suerte), como ya dije antes la acción es el puente que une el pensamiento con el mundo real, o lo que es lo mismo la acción es lo que convierte los pensamientos en realidad.

Lo que consecuentemente le da una importancia capital a lo

que estás pensando, porque si la acción es lo que convierte los pensamientos en realidad, entonces es de suma importancia que pongas mucha atención a tus pensamientos, porque para tener pensamientos de calidad que te permitan tener resultados de calidad, tienes que tener una capacitación de calidad que su vez te generen pensamientos de calidad valga la redundancia, para por supuesto tener resultados de calidad.

Nunca digas: lo que pasa es que yo soy así no puedo ser o pensar de otra manera, es importante que sepas que eso es un error muy grande, entiende que constantemente el ser humano está en constante evolución en cuanto a su conducta, esta conducta está dada por la manera que pensamos para el momento que estamos convirtiendo nuestros pensamientos en conducta, es decir nuestro comportamiento.

Tú no piensas igual hoy que hace 1, 2, 3…. Años atrás, ni vas a pensar igual el año que viene o dentro de unos años más adelante, porque?, porque lo que vas aprendiendo cada día, tanto con la experiencia como con los estudios ira moldeando y dándole una nueva forma al conocimiento que está dentro de ti, (por lo tanto tus resultados van a ser distintos) y si te dedicas conscientemente a través del entrenamiento y la capacitación a darle una forma a tu pensamiento que te permita alcanzar la libertad financiera sin duda lo lograras.

Hay un dicho muy conocido por todos los amantes de la literatura de autoayuda personal, que ha sido utilizado por grandes referentes del mismo desde el siglo pasado, de lo cual muchos de ellos ya han muerto como Wyne Dyer, Louis Hay, Norman Vincent Peale entre otros: *cambia tu manera de pensar y cambiara tu manera de vivir,* este dicho sencillo pero de una profundidad suprema, si meditas conscientemente en estas palabras te darás cuenta la gran sabiduría que hay contenidas en ellas.

Dios recompenso mi perseverancia al no rendirme ante los inconvenientes que se me estaban presentando en aquel momento, precisamente envió a este señor, cliente del menor de mis hermanos mayores, el primer día de trabajo después de aquella decisión que tome de despejar mi mente y luego decidir qué hacer, Dios sabía que necesitaba claridad mental para poder tomar una decisión que me favoreciera, si me hubiera dejado llevar por la rabia, la impotencia y la frustración que sentía en aquel momento y hubiera cerrado la fábrica sin duda las perdidas hubieran sido incalculables porque lo mejor aún estaba por venir, nosotros como seres humanos estamos acostumbrados a tomar decisiones por la emoción del momento, basada en los sentimientos, ese es un error tan grande como un estadio de béisbol, te aconsejo de corazón que antes de tomar una decisión sea cual sea (esto aplica para todos los ámbitos de la vida) no lo hagas en el momento, y mucho menos si sientes rabia, amor, depresión etc. o cualquier sentimiento, date siempre la oportunidad de pensarlo con cabeza fría, con serenidad, con paz y templanza, date la oportunidad de pensar las cosas bien, te ahorraras muchos malos ratos te lo aseguro, así es como Dios muchas veces nos muestra el camino, es en el momento de serenidad y tranquilidad que Dios permite que llegue a tu mente la respuesta indicada, (es el espíritu de Dios que mora en cada uno de nosotros comunicándose con tu espíritu).

Cualquier decisión que tomes basada en los sentimientos por muy lógica o muy buena que te pueda parecer, esta tiene un altísimo porcentaje de error, casi seguro te lamentaras de haberla tomado, para ilustrarte este punto te voy a contar con mis propias palabras una anécdota de la Biblia: El Apóstol Pedro al momento de su crucifixión (el también murió crucificado) pidió que lo crucificaran con la cabeza hacia abajo, él no se consideraba digno de morir de la misma forma que su maestro Jesús Cristo murió, además   esto reflejaba o hacía referencia al nacimiento del ser humano, quien viene a este mundo con la cabeza hacia abajo, haciendo una perfecta analogía de la imperfección y vida de errores que este comete durante toda su vida, (esto es porque somos seres emocionales, por ende la mayoría de nuestras decisiones son emocionales), y normalmente las emociones nos juegan una mala pasada, vemos las cosas diferentes en el momento que estamos viviendo la emoción, pero cuando pasa el furor de la misma vemos otra cosa, más parecida a como en realidad son, por lo tanto es importantísimo tratar de tomar decisiones con cabeza fría, relajados, despiertos y los pies pisando en tierra firme, esto te abrirá un compás de visión más amplio, más detallado que te permitirá ver mejor la verdadera realidad de las cosas.

En cambio Jesús Cristo fue crucificado con la cabeza hacia arriba, haciendo alusión a su perfección como Dios que es, nosotros como seres imperfectos, debemos buscar constantemente el estar en sintonía con el espíritu Santo de Dios, y no son precisamente los sentidos quienes nos proporcionaran esa conexión divina, debemos desarrollar lo que llaman los sentidos espirituales, que minimizaran al máximo los errores que cometamos en nuestra existencia, debemos buscar diligentemente estar relajados antes de tomar una decisión para tener más probabilidades de tener éxito.

Luego de regresar de vacaciones de semana santa con mi familia y Dios me presentara la oportunidad de conocer al cliente del menor de mis hermanos mayores, quien fue a buscar unos quesos prestados en mi fabrica y este me hiciera ver que estaba utilizando una harina de trigo inadecuada para la fabricación de los mismos, luego de esto ya con ese problema de la harina de trigo solucionado decidí buscar otro vendedor para aumentar más aun las ventas, pero como era consciente que no era fácil conseguirlo ya que el mismo debía tener vehículo, para poder llevar a cabo con éxito su trabajo, por lo que contrate un amigo muy querido llamado Gustavo Ariza, este le asigne un sueldo fijo mas comisión y mi camioneta, era la forma más rápida mas no la única de conseguir pronto un vendedor.

Enseguida me llovieron las críticas de mi círculo de amigos más cercanos y algunos familiares, me decían cosas como: estás loco como vas a hacer eso, ese mucho riesgo, y en efecto lo era, pero mi meta era aumentar las ventas, y si había un precio que pagar estaba dispuesto a hacerlo, conseguir otro vendedor me hubiera llevado un tiempo, si tomamos en cuenta que el oficio de vender pastelitos crudos congelados, era una industria relativamente nueva para la época, por lo tanto muy poca gente lo conocía, lo que hubiera hecho más difícil aun la tarea de conseguir un vendedor, por lo que decidí tomar el riesgo.

Así que con este vendedor que además era bastante eficiente las ventas aumentaron rápidamente, la fábrica comenzó a levantarse, pronto tuve que comprar otra máquina para ayudar en el sobado de la masa, esta máquina tuve que mandarle a adaptar un sistema con tres correas para que pudiera resistir el trabajo que cada día aumentaba más, también tuve que comprar una amasadora de mayor capacidad, la que tenía para el momento ya no abastecía con éxito la demanda de masa para la producción, además de estas dos máquinas, compre un motor nuevo para congelación para la cava cuarto de almacenamiento, obviamente al aumentar las ventas necesitaba más capacidad de enfriamiento para el almacenamiento de la producción.

Luego de esto con el aumento de las ventas, el local destinado para la producción se estaba quedando pequeño, ya los trabajadores no desempeñaban libremente sus labores debido al hacinamiento reinante producto de lo pequeño del local, por lo que tuve que construir en el patio trasero una enramada techada con láminas de zing.

En esta enramada coloque dos mesas grandes para producción, ahora trabajábamos con más soltura, pero las ventas continuaban aumentando, y por supuesto tuve que contratar más personal de producción.

Al cabo de un tiempo me llego una comisión del ministerio de sanidad, a hacerme una inspección, me habían hecho una denuncia ante este organismo por insalubridad en la producción (por estar produciendo en el patio trasero en una enramada).

Esta denuncia fue hecha por un trabajador que había despedido poco tiempo atrás, por una penosa situación que se presentó y que no mencionare aquí, este en represalia contra mi acudió al ministerio de sanidad a denunciarme, obviamente para perjudicarme, pero en cambio me hizo uno de los favores más grandes que alguien me hubiera hecho jamás, por eso la Biblia dice con mucha razón: para los que aman a Dios todas las cosas nos ayudan a bien Romanos 8:28.

Los señores del ministerio de sanidad muy lejos de multarme, o cerrarme el negocio, me dieron un tiempo prudencial para que construyera un local mucho más grande con todas sus especificaciones y detalles para poder llevarlo a cabo.

Este hecho me motivo a construir un pequeño galpón mucho más amplio y cómodo que el local donde estábamos trabajando hasta entonces.

Al poco tiempo después de esto me entere por medio de

una señora que tenía un taller de alta costura enfrente de mi fábrica, que CORPOINDUSTRIA. Un ente del gobierno que daba financiamientos a la pequeña y mediana industria estaba otorgando unos muy ventajosos créditos en ese momento, raudo y sin perder tiempo me dirigí hasta las oficinas de este ente gubernamental, estando allí me dieron todos los detalles y recaudos que debía presentar para la obtención del mismo, salí de allí y enseguida me puse a trabajar en la recaudación de los diferentes requisitos.

Cuando me liquidaron el préstamo y obtuve el dinero, comencé la construcción de un galpón mucho más grande, este abarcaba todo lo que quedaba disponible del patio trasero de la casa, que era de unos 16 mts. De largo por 13 mts. De ancho más o menos, incluyendo un gran tanque subterráneo para almacenar agua, ya que entre otros proyectos que tenía, también tenía el de producir mi propio queso en sociedad con mi hermano mayor, proyecto que lamentablemente nunca se dio por diversos motivos que no vienen al caso.

Ya teniendo un chofer tuve la oportunidad de meter un nuevo vendedor, se trababa de mi única hermana de padre y madre, está la puse a trabajar con el chofer Gustavo Ariza tres días a la semana (martes y jueves), Gustavo Ariza trabajaba lunes y miércoles solo, el sábado trabajaban en común tanto los clientes de uno como los clientes del otro.

Cada día que pasaba mi fabrica se hacía más conocida, y cada día aparte de los clientes que conseguían los vendedores llegaban por su cuenta más clientes y proveedores, pasado un tiempo tuve la oportunidad de comprar un carro pequeño a crédito, pero este vehículo no dio la talla, no estaba en buenas condiciones, por lo que lo vendí y le compre un carro de la misma marca que tenía el menor de mis hermanos, pero que estaba en mucho mejores condiciones, de esta manera pude independizar tanto a mi hermana como al señor Gustavo Ariza, mi hermana trabajaba con otro chofer en el carro pequeño y Gustavo Ariza trabajaba en la ruta que yo le había dejado, (ya que yo mismo atendía personalmente la ruta al principio) además de ayudar con algunas diligencias concernientes al funcionamiento de la fábrica, esta entre más crecía, también crecían sus funciones y responsabilidades.

Pasado un tiempo lamentablemente Gustavo Ariza tuvo un accidente donde estrello la camioneta en una curva contra la cerca de una casa y los tubos de protección de la misma, este lamentable accidente afortunadamente solo arrojo pérdidas materiales, nada que lamentar salvo las pérdidas económicas.

Eso no me detuvo ese mismo día sin perder tiempo metí mi camioneta a reparar, esta reparación duro tres largos meses, al cabo de los cuales busque otro chofer el cual se encargó de hacer su propia ruta y llevar un nuevo vendedor dos veces a la semana hasta la costa oriental del lago de Maracaibo, una importante población del Estado Zulia en constante crecimiento, donde se creó una nueva y gran ruta, esta creció bastante hasta que llego el desafortunado percance del hablo en capítulos anteriores donde hablo del productor de quesos que llevo un queso que contenía moscas en su interior, este hecho hizo bajar bastantes las ventas, hasta el punto que nunca se recuperaron del todo.

La ruta que dejo Gustavo Ariza fue asumida por mi hermana y su chofer, este tenía una forma muy peculiar de conducir, no prestaba mucha atención a los requerimientos del vehículo, y debido a esto en menos de un año tuve que repararle tres veces el motor, básicamente se dañaban por no prestar la atención requerida al sistema de enfriamiento del mismo, por lo que se terminaban dañando los motores.

Luego del ultimo motor dañado lo mande a reparar y tome

la decisión de financiar este vehículo a mi hermana, de esta forma pondrían más atención con el vehículo ya que los gastos de mantenimiento del mismo ya no corrían por mi cuenta, recuerdo unos años más tarde hice lo mismo con dos camionetas de reparto con los que contaba la fábrica, esta práctica me permitió bajar a cero los costos de mantenimiento de vehículos e invertir completamente el valor de los mismos en materia prima para la producción, utilice una buena técnica de financiamiento, esta consistía en que yo me hacía responsable en su totalidad ante un prestatario del monto de la venta del vehículo, luego del cual yo recibía el dinero en su totalidad, pero era los vendedores quienes pagaba la cuota más intereses cada mes.

De las dos camionetas de reparto una se la financie a mi Hija con su esposo (esta hija es la misma que menciono su nacimiento en capítulos anteriores) y la otra a un sobrino quien se había hecho cargo de la ruta de la costa oriental del lago, este se hizo cargo de la ruta mencionada, además de cubrir los pedidos de supermercados en la ciudad de Maracaibo

NOTA

Es de suma importancia elaborar un plan, yo perdí mucho dinero por no hacerlo, yo fui avanzando como se fueran dando las cosas, esto no se debe hacer, un plan siempre te va a indicar el camino a seguir, que no te pase a ti lo mismo que me paso a mí, tanto en la construcción del primer galpón, el segundo galpón y posteriormente mi casa, hubo mucha improvisación, se construyeron áreas que después dificultaban la elaboración de otras, y hubo que derrumbarlas, perdiendo de esta manera mucho tiempo y dinero.

Lo mismo sucedió con la expansión a nivel nacional de mi empresa, no tenía un plan escrito, hacia las cosas según se fueran presentando, si hubiera elaborado un plan detallado, seguramente lo hubiera logrado, ni siquiera el paro petrolero el cual menciono en capítulos anteriores me hubiera detenido, un plan me hubiera indicado el camino a seguir en todo momento, haciendo los correctivos necesarios si es preciso.

Es imperativo que elabores un plan aunque sea pequeño de cumplimiento cercano en el tiempo, y cuando llegues a la meta del mismo elabora otro plan dándole seguimiento al anterior igualmente pequeño, lo importante es que tengas claro el camino a seguir, esto te permitirá ahorrar tiempo y dinero, ya que no caerás en improvisaciones, ni inventos innecesarios, un plan es el camino ideal a seguir para alcanzar el éxito en el menor tiempo posible, este te dará una claridad de ideas y pensamientos únicas e indispensables para cumplir con éxito tus metas cuanto antes, no lo olvides nunca.

INCURSION A NIVEL DE SUPER MERCADOS

El siguiente nivel al que subí fue en las ventas al mayor a nivel de supermercados, las ventas de pastelitos y tequeños a nivel de tostadas, quioscos, loncherías y cafeterías se vieron muy afectadas, se vinieron abajo súbitamente, producto de que el mayor proveedor de quesos para ese entonces con él que contaba la fábrica, llevo un lote de quesos que contenían moscas, muchas moscas, no tenían un control de calidad eficiente, este fue otro gran error que cometí, mi inexperiencia no me permitió ver la importancia de seleccionar los proveedores de quesos y todo tipo de proveedor a través de una requisitoria que debían cumplir, (supervisión de instalaciones de producción incluidas), para poder formar parte de los proveedores de mi empresa, en otras palabras tienes que hacer una selección de los mejores proveedores que puedas reunir, para producir y ofrecer al público el mejor producto posible.

Este proveedor (en confabulación con el encargado de producción de la fábrica y el quesero quien era el que cortaba los quesos a la medida para la fabricación de los mismos), llevo para mi fabrica una producción de quesos que sus trabajadores le habían saboteado echándole moscas para perjudicarlo, en vista de esta situación se compuso con los trabajadores antes mencionados para que estos recibieran el queso con toda normalidad.

Este hecho perjudico enormemente las ventas de la fábrica hasta el punto que las ventas jamás se recuperaron, como era de esperarse despedí al proveedor de quesos, en cuanto al quesero, y al encargado, no los despedí, fue un error no hacerlo puesto que las consecuencias que ocasionaron sus actos fueron devastadores para la fábrica, hoy día sé que fue mi culpa, no de ellos, si yo hubiera seleccionado efectivamente todos y cada uno de los proveedores y los trabajadores a quienes les daba acceso a mi empresa, nada de esto hubiera pasado y sabe solamente Dios lo que hubiera pasado de haberlo hecho, yo soy el principal responsable nadie más, así que no me arrepiento de no haberlos despedidos, si no de no haber tenido el cuidado de seleccionar mejor a la gente que le daba trabajo y los proveedores.

Después de esto saque una presentación de tequeñitos y pastelitos de pasapalos para incursionar en supermercados, lo cual represento todo un éxito, la presentación tuvo mucho que ver, estaban empacados en una bandeja de anime forrada con papel envoplast, y una atractiva etiqueta, la combinación de estos tres elementos era excelente, más aun si tomamos en cuenta que el envoplast es completamente transparente como el vidrio cristalino, esta característica dejaba ver al 100% el producto a través de él, por lo que tuvo una gran aceptación por parte del público, se apreciaba ampliamente los detalles de fabricación, calidad y frescura de los mismos, aquí aprovecho para aconsejarte que sea lo que sea a lo que te dediques, bien sea producción de bienes de consumo o al ramo de los servicios, se sinceró, transparente, limpio en la presentación de los mismos, el control de calidad eficiente no debe faltar, el empaque debe ser el mejor, el que ofrezca más beneficios al consumidor, ofrece siempre un producto de alta calidad, acorde con el costo de producción, si es el ramo de los servicios, se transparente, cuida el presupuesto de tus clientes, no trates de ganarte unas monedas de más tratando de creer que esto te hará más listo, hay un dicho popular muy cierto que dice que la mejor picardía o trampa es pagar, y no es mentira, un cliente satisfecho te traerá más clientes a través de sus recomendaciones en su círculo íntimo, lo contrario es peor, un cliente insatisfecho hará lo mismo pero multiplicado con su círculo íntimo, te enlodaras con tus acciones, si no haces las cosas bien, y creerás que es culpa de los demás y no tuya, al igual que yo al principio pensé que los culpables de que este proveedor de quesos y el encargado de la fábrica junto con el quesero tenían la culpa de que las ventas hubieran bajado tanto producto de las moscas contenidas en el mismo, hoy sé que el verdadero responsable fui yo. Por no tomar las medidas pertinentes como: solicitarle la documentación requerida y hacerle además una inspección minuciosa a las instalaciones de producción, al haberlo hecho me habría dado cuenta, que este proveedor de quesos, no reunía las condiciones de salubridad necesarias para ser mi proveedor, por lo tanto nada de lo que paso hubiera pasado, igualmente a los trabajadores solicitarles los documentos necesarios, así como una carta de recomendación, después de todos somos los únicos responsables de nuestros actos, y ellos según como hayan sido te perjudicaran o te beneficiaran.

Es fácil culpar a los demás de las malas situaciones que estamos viviendo, pero si observamos detenidamente, con cabeza fría, objetivamente e imparcial el origen de cada situación, nos daremos cuenta, que todo absolutamente todo lo que estamos viviendo es una consecuencia de nuestros actos pasados, nos guste o no toda nuestra vida es una consecuencia de nuestros actos, por eso es importantísimo que tomemos el control consciente de los mismos, y dejemos de una vez por todas de estar responsabilizando a los demás de lo que estamos viviendo, entre más pronto lo hagamos más pronto tomaremos el control de nuestras vidas.

El hecho que me llevo a tomar la decisión de incursionar en los supermercados fue que las ventas de lonchería se habían venido abajo producto del hecho antes mencionado, además del cada vez más reducido, margen de rentabilidad, producto de una férrea competencia en el mercado de este producto.

Estudie detenidamente la proporcionalidad de utilidad en cuanto al peso y precio al público de ambos productos, y resulto que la diferencia era abismal, para que tengan una idea (debido a la inflación constante en Venezuela estos precios son referenciales solo para que entiendas): Cada 50 pastelitos (de los que se distribuían a los quioscos, colegios, cafetería etc.) que contenía una caja de los mismos se gastaba 1 Kg. De quesos, este costaba 100 Bs el Kg. Y se vendía al público en 200 Bs. Es decir una ganancia bruta de 100 Bs. Con ese mismo Kg de queso yo fabricaba 5 bandeja de 40 tequeñitos y la vendía en 80 Bs. C/U. 5 x 80 = 400 es decir una ganancia bruta de 300 Bs por el mismo Kg. De quesos procesado, un 300 % más de rentabilidad bruta, una diferencia bastante significativa, que bien valía la pena tomar en cuenta para ir sustituyendo la producción de un producto por otro, aunque reconozco que en principio mi idea no era sustituir un producto por otro, la idea inicial en realidad era agregar más productos a la cadena de productos ya existente para crecer aún más, pero resulta que la aceptación fue tan grande, que la producción de pasapalos estaba absorbiendo por completo los insumos o materias primas de producción, además de capacidad de producción, almacenamiento, reparto etc. hasta el punto que tome la decisión de dejar de producir los primeros para dedicarme a producir por completo la producción de pasapalos.

Antes de incursionar en los supermercados hice una especie de mercadotecnia, (cosa que te aconsejo hagas tu antes empezar a producir o empezar con cualquier negocio que vayas a emprender), visite todos los supermercados que existían en ese entonces, compraba una bandeja de pastelitos y otra de tequeños para probarlos y examinarlos detalladamente, en una agenda anotaba el peso, la cantidad de queso y masa que tenía cada bandeja, así como la cantidad de unidades, hice lo mismo con todas las marcas disponibles en los supermercados que conseguí, que en realidad no eran muchas, si me hubiera dejado llevar por lo relativamente pocas marcas de productos que existían no hubiera empezado nunca, ya que hubiera pensado que el ramo de los pasapalos no tenía buena aceptación ante el público, por la poca mercancía que había contenida en los anaqueles refrigerados de los supermercados.

Gracias a Dios no me deje llevar por eso y empezamos a producir (ayudo mucho que la idea inicial no era dejar de producir uno para producir otro, si no agregar un producto más a la ya existente lista de producción) y buscar más clientes.

Al principio como todo costo un poco, los supermercados pedían una serie de requisitos a cumplir para dejarte ser un proveedor de ellos (cosa que nunca hice yo con mis proveedores), ya cumplidos estos requisitos te hacían un pedido, resulto que la presentación de los mismos por lo atractivos y frescos que se veían a través del papel envoplast llamo mucho la atención del público, poco a poco fui entrando en todos los supermercados de la ciudad de Maracaibo Estado Zulia, mercados que antes muchos de ellos me habían cerrados sus puertas porque pensaron que ese producto no se vendería allí porque lo vieron quizás poca cosa o ya tenían proveedores de ese producto, después cuando ya había pasado un tiempo y se dieron cuenta de la aceptación que habían tenido ante el público nos llamaban para que formáramos parte de su lista de proveedores (previa presentación de la documentación requerida), así fui creciendo a grandes pasos en Maracaibo, otro hecho que ayudo mucho fue que los otros proveedores de este producto sus fabricantes estaban en la capital de Venezuela, Caracas, y el Estado Miranda, quien colinda con la capital de Venezuela este hecho era una ventaja que supe aprovechar, mis despachos llegaban pronto a los supermercados, esto me permitía ofrecer productos más frescos, tanto así que muchas veces re repartía con menos de 24 horas entre la elaboración y el reparto, otro aspecto que me ayudó mucho era que mi producto estaba en el renglón de perecederos, por lo tanto teníamos prioridad para ser recibidos en la recepción de mercancía de los supermercados.

Los pasapalos que producía mi empresa Alimentos Addian. C.A. tuvo tanta aceptación entre el público que literalmente le cambiamos el paladar a los zulianos, era común ver a la gente dentro de los supermercados llevando entre sus productos una o varias bandejas de pasapalos, mis pasapalos pasaron a formar parte en la mente de maracucho como un producto de primera necesidad más.

El crecimiento de mi fábrica fue tal que, nacieron alrededor de la misma 6 fábricas más entre trabajadores, vendedores y proveedores, sin contar las nuevas marcas que aparecían fuera de mis alrededores, pero que sin dudad su aparición fue motivada por la aceptación que se veía entre público por estos productos.

La aparición cada vez mas de nuevas marcas en el mercado de estos productos, nunca hizo bajar las ventas de mi producción, si no por el contrario, entre más marcas aparecían más vendía yo, porque? Yo estoy seguro que para esto hay tres explicaciones básicas, la primera fue porque el público al ver la variedad de marcas diferentes, fue produciendo en su mente un cambio de modelo de consumo, que veía después estos productos como un producto de primera necesidad, además tanto así que hasta los productores foráneos aumentaron sus ventas, era común ver en las grandes cadenas de supermercados, anaqueles de congelación grandes y exclusivamente para este tipo de productos, cosa que no existía ni remotamente antes que yo empezara la producción de pasapalos.

Antes de empezar mi fábrica a producir pasapalos, estos eran muy escasos en los anaqueles de los supermercados, no habían ni muchas marcas, ni mucha cantidad, se podía ver a simple vista que los pasapalos no eran un producto muy apetecido por los consumidores.

En el Estado Zulia y específicamente en Maracaibo su capital hubo una especie de boom del pasapalo que fue extendiéndose poco a poco a las diferentes regiones del estado Zulia y luego a otros Estados cercanos como el Estado Falcón, Mérida y Trujillo.

Estoy completamente seguro que esta propagación en las ventas se debió básicamente en primer lugar a la transparencia del papel envoplast, que permitía ver todas las características del producto además de su frescura.

En segundo lugar a la fecha de elaboración del mismo, el cliente llevaba a su casa un producto fresco recién elaborado, yo trabajaba por orden de llegada del pedido, es decir se fabricaba se congelaba y al otro día se entregaba, había muchas veces menos de 24 horas entre elaboración y distribución, esto le daba a la gente la oportunidad de llevar a su casa un producto recién elaborado.

Y en tercer lugar pero no menos importante el precio, el precio que yo ofrecía era menor que el de la competencia, mi fabrica estaba en Maracaibo Estado Zulia, esto me permitía vender a menor precio que la competencia quienes estaban por lo menos a un día de carretera de Maracaibo, al estar lejos de la misma sus costos y tiempo de entrega aumentaban.

Estos tres factores mencionados anteriormente hicieron una combinación perfecta para el éxito, el cliente podía comprar un producto más fresco, de mejor calidad y por si fuera poco a un menor precio, una formula imperdible para cualquier emprendimiento que quieras empezar.

Otra ventaja que yo tuve con respecto a mis competidores foráneos y he olvidado mencionar es el hecho de que al estar situada mi fabrica en el estado Zulia (quien es el mayor estado productor de quesos de Venezuela) podía comprar el queso mucho más barato que ellos, mis competidores estaban situados en el centro del país donde no producían queso, este hecho me permitió poder dar un buen precio al público.

Yo no fabricaba mercancía para almacenarla y llenar las cavas cuartos sin parar, yo reunía los pedidos disponibles, los sumaba y los mandaba a fabricar, esto me permitía entregar la producción muy fresca, y en tiempo record de entrega.

En vista del gran éxito que había alcanzado en el Estado Zulia, Falcón, Mérida y Trujillo, decidí irme al centro del país, ese era el mercado más grande de Venezuela, allí está concentrada la mayor cantidad de la población de Venezuela, para ello envié a Caracas la capital de Venezuela a mi hermano menor quien se iba a encargar de cubrir esa zona del país, este se fue directamente a las oficinas de Cativen C.A. quien era la cadena más grande de supermercados de Venezuela, tenía 54 sucursales a nivel nacional.

El vendedor (mi hermano menor) llego a estas oficinas con toda la documentación requerida a las oficinas dedicadas a las compras, luego de verificar que todo estuviera en regla le hicieron un pedido grande capaz de cubrir las 54 sucursales durante tres meses, porque tres meses? Porque entre las políticas de compras estos hacían solo pedidos trimestrales a los proveedores foráneos, es decir cuatro pedidos al año, otra de las políticas de compras que tenían era que aceptaban solo dos aumentos de precios por año, previo proceso de aprobación, también exigían que la mercancía llegara congelada y embalada en cajas de cartón corrugado, el pedido lo recibían en un depósito centralizado ubicado en Maracay Estado Aragua, este depósito quedaba mucho más cerca para mí que Caracas la capital, de allí ellos se encargaban de distribuirlos a las diferentes sucursales de todo el país.

Entre las políticas de compras ellos exigían tres meses de crédito al cabo del cual pagaban la factura en su totalidad menos un 10 % por concepto de averías y manejo de la mercancía, este porcentaje de averías era bastante razonable, si tomamos en cuenta que ellos se responsabilizaban por el correcto proceso de manejo de la mercancía, que era a su vez la principal causa de averías, la fecha de vencimiento no era un gran productor de averías, la mercancía gozaba de un buen periodo de duración mientras estuviera congelada.

El éxito estaba asegurado, yo tenía muy buenas referencias de esta cadena de supermercados, además dado que era el primer pedido lo hicieron con cierta cautela, para darle tiempo al consumidor que fuera conociendo el producto, los mejores y más grandes pedidos vendrían después sin duda, cuando la gente probara el producto y se diera cuenta de su calidad tal como ocurrió en Maracaibo.

Todo estaba listo para comenzar la expansión a nivel nacional de mi empresa, me monte en las diligencias pertinentes para solicitar créditos por tres meses a todos mis proveedores, todos y cada uno de ellos estuvieron de acuerdo incluyendo el dueño de una distribuidora de alimentos que tenía una flota de grandes camiones con cavas refrigeradas, solo me faltaban las cajas de cartón corrugado, pero estas diligencias ya estaban bastante adelantadas, además el tiempo máximo de entrega de las mismas era de 30 días, lo cual no era un problema tomando en cuenta que tenía 90 días para la entrega de la mercancía.

Todo marchaba sobre ruedas, todo había salido a la perfección, lamentablemente los conflictos políticos en los que estaba envuelta Venezuela desde el año 98 en que hugo rafael chavez fría asumió la presidencia alcanzaron su mayor efervescencia entre finales de noviembre y principios de diciembre del año 2002, estos conflictos derivaron en la paralización total de la industria petrolera y por ende de todo el país, esta es la fuente principal de la economía de Venezuela, al estar inmerso en este paro petrolero el país se paralizo por completo, llego el momento en que se acabó casi por completo la gasolina y el caos reino por todas partes, al no haber gasolina, no llegaba a la fábrica ninguno de los insumos de producción, lo peor de todo fue que este paro duro por lo menos 2 meses, esto trajo como consecuencia la ruina a muchas empresas, incluyendo casi todas las fábricas que habían nacido de los trabajadores, vendedores y proveedores.

Yo no me arruine por completo pero poco falto, la causa de la casi ruina no fue en su totalidad del paro petrolero, si no que en vista de que la falta de gasolina no permitía que la harina de trigo llegara básicamente porque los molinos y distribuidores de la misma cerraron sus puertas, me vi obligado a comprar harina de trigo colombiana, esta no era apta para la elaboración del pasapalo refrigerado, ya que este entre el proceso de elaboración, despacho y consumo por parte de la población transcurría algún tiempo, en este tiempo a la masa hecha con esta harina le salían unos puntos negros, y no era porque se ponía mala ni le salía mal sabor ni nada, sino que era un componente natural de la de la misma llamado ceniza que reaccionaba con el agua produciéndose estos puntos negros, esta situación trajo como consecuencia que las averías subieran a más del 50 %, o sea que literalmente de cada 100 unidades de pasapalos más de la mitad se perdía, esta situación duro un poco más de dos meses trayendo consigo todas sus lamentables consecuencias.

Viendo las cosas con cabeza fría en retrospectiva hubiera sido preferible, cerrar la fábrica por completo en ese tiempo, pero claro lo del paro petrolero nadie esperaba que durara tanto, es mas todos los días parecía que se iba a resolver y todo volvería a la normalidad, pero no, nada pasaba todo seguía igual y así duro todo este tiempo ocasionando un gran caos en todo el país.

En ese momento me di cuenta lo vital que es para el país la industria petrolera, literalmente Venezuela se paralizo, las calles con pocos vehículos circulando, muchos de ellos estacionados a las orillas de las vías quedados por gasolina, la gente cocinaba con leña y carbón, el gas no llegaba, los supermercados tenían grandes desabastecimiento de mercancía en todos sus rubros, las colas en las estaciones de servicio eran interminables, la gasolina la vendían en pimpinas o garrafones a las orillas de las vías de circulación a precios exorbitantes nunca vistos en Venezuela, además muchas veces ligadas con agua, lo mismo ocurría con los lubricantes quienes eran ligados con cualquier cosa que se pudiera mezclar con ellos, la viveza criolla se acentuó entre la población, todo el mundo tratando de sacar partido de la situación, hacían todo tipo de cosas total de ganarse unos cuantos bolívares más, sin escrúpulos, sin importar las consecuencias de sus actos, era increíble ver aquella situación, un caos total, los refrescos, las cervezas, harina de trigo y todo tipo de productos empezaron a llegar del hermano país Colombiano, la escases era tal que muchos de estos productos alcanzaron precios increíblemente altos, sobre todo a finales del mes de diciembre cuando se celebran las fiestas navideñas en toda Venezuela.

Así se terminó todo lo que se había adelantado para la expansión a nivel nacional, no pude retomarlo después del paro petrolero porque mis proveedores no quedaron en condiciones de darme crédito y mucho menos por 3 meses como habíamos quedado antes, la economía Venezolana quedo desbastada, hasta el punto que al año 2019, año en que me encuentro escribiendo este libro nunca ha vuelto a ser la misma, aunque tuvo un pequeño repunte hasta el año 2012, cuando falleció hugo rafael chavez fría, luego de la muerte de este, asumió la presidencia nicolas maduro, este le dio con todo a la economía, increíble cómo se puede tratar mal a un país, es impensable lo que este señor hizo, digno de Ripley, digno del record güines, tanto así que me quedo sin palabras para describir semejante situación y solo diré por respeto a ti como lector: solo Dios sabe porque pasan este tipo de cosas, imposible para un ser humano saberlo, puede imaginarlo, puede suponerlo, pero nunca saberlo a ciencia cierta

Pero allí no acabo todo, perdí una batalla pero no la guerra, continúe trabajando, a principios del año 2003 después del paro petrolero la economía Venezolana quedo muy mal, y mi empresa no era la excepción, quedamos en una situación un tanto desesperante, tanto que mi esposa y yo en vista de la situación nos convertimos al evangelio, buscando refugio en Dios en medio de la situación que estábamos viviendo, allí comenzamos nuestra vida de fe, entregando al Señor todas nuestras cargas y preocupaciones, Dios nos consoló y nos ayudó bastante, salimos de aquella mala situación.

Buscando más ventas y crecer más cada día, observe que en Maracaibo habían muchos Supermercados medianos que no tenían un sistema de congelación en piso de ventas, es decir anaqueles o estanterías donde exhibir al público mercancía congelada, por lo que decidí comenzar a visitar este tipo de supermercados y ofrecerles un exhibidor tipo cooler de congelación similar a los que usan la Coca cola, Pepsi y las grandes compañías fabricantes de helados para vender sus productos.

Para esto comencé adquiriendo un crédito en una compañía llamada Sermateca, esta compañía era la máxima proveedora de equipos de congelación y mobiliario de cocina para mi fabrica, compre a crédito los primeros 10 equipos de congelación tipo cooler, cada uno al estar colocado en el Supermercado correspondiente se convirtió en un punto de ventas más para mi fabrica, cada uno era capaz de tener ventas capaces de pagarse por sí solo, es decir sus ventas generaban la utilidad suficiente para pagar la cuota acordada con Sermateca, así de este modo llegue a tener más de 50 equipos de congelación hasta el año 2012, donde ya no era rentable colocar un equipo nuevo en los supermercados, producto de la debacle económica que estaba creando el nuevo presidente antes mencionado.

Te recomiendo que este tipo de deuda, no la adquieras con empresas como Sermateca como lo hice yo, este fue otro de los errores que cometí dentro de mi ignorancia e inexperiencia, esto hazlo con los bancos, trata en tus comienzos de movilizar todo el dinero que puedas, (entre más lo hagas mejor), trata de hacer tus pagos solo con cheques o transferencias, trata de depositar todo tu dinero en un solo banco (el que te va a prestar el dinero),hay bancos que ofrecen a sus clientes una línea de crédito instantánea, esto se lo dan a sus clientes de acuerdo al dinero que muevan en sus cuentas corrientes, ya teniendo una línea de crédito, o si no la tienes, solicitas un crédito ordinario o de cualquier otra índole que este dentro de tu capacidad de pago, entonces vas y negocias con la empresa que vende los equipos, le dices que vas a comprar de contado, y preguntas a cómo te sale cada equipo, si vas a comprar varios, pregunta si hay un mejor precio por comprar varios, lleva una estrategia en mente, veras que la diferencia es bastante sustancial, y en lugar de comprar 10 equipos como hice yo, seguramente a lo mejor te alcanza para un poco más, entonces quedaras pagando al banco y no a la compañía, los bancos de por si ofrecen dinero mucho más barato que las compañías, porque estas a su vez también solicitan dinero prestado al banco para comprar su mercancía, literalmente te están revendiendo el dinero que el banco les presto.

Puedes ir más lejos aún, dependiendo de la cantidad de dinero que vas a invertir, trata de ubicar al fabricante directamente, en mi caso fueron equipos de congelación, no se cual sea tu rubro, pero sea el que sea trata de ir tan lejos como puedas en la línea de distribución, elimina por completo los revendedores, esto hará que hagas rendir al máximo tu dinero.

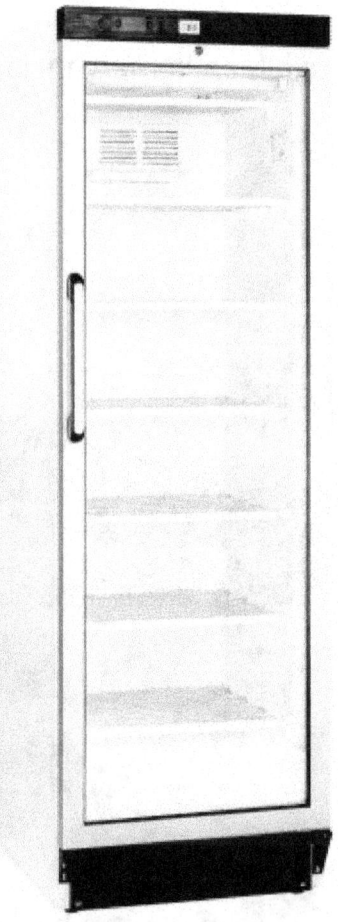

Equipos de congelación adquiridos para colocar en cadena de supermercados medianos y pequeños.

Estantería donde exhibían la mercancía las grandes cadenas de supermercados

LLEVA AL DÍA EL CONTROL DE TUS FINANZAS

Comienza por preparar un estado de cuenta todos los meses, lleva un control exacto de tu dinero, es de vital importancia para tu economía que sepas a donde está yendo a parar cada céntimo que ganas, para esto colocas en una columna todas tus pertenencias tales como: dinero en efectivo, cheques, acciones casa, vehículo, nevera, lavadora etc. todo lo que tengas esto se llama activo y en la otra columnas pones todas tus deudas tus obligaciones tales como recibo de luz agua que no hayas pagado, si debes parte de la casa, del vehículo, colegio de tus hijos en fin todo las deudas y gastos que tengas, suma por separado las dos columnas y réstalas, entre ambas te dará como resultado el capital , este será positivo si la columna de los activos es mayor que la columna de los pasivos, en caso contrario estarías quebrado sólo tendrías deudas.

Un estado de cuenta te permite saber dónde estás financieramente hablando y planificar a dónde quieres llegar y que acciones vas a tomar para lograrlo.

Ahora que ya sabes dónde estás financieramente hablando, comienza a trabajar para aumentar tus activos y a disminuir tus pasivos y alégrate aprendiendo a rebajar tus pasivos.

Tienes que capacitarte y desarrollar una mentalidad de empresario, un empresario sabe que para ganar hay que invertir y también sabe que no siempre esa inversión da el rendimiento esperado, por lo tanto es paciente y además hace los ajustes necesarios si hacen falta para sacarle el mejor rendimiento a su inversión.

Un empresario también sabe que entre más invierta en conocimiento para sí mismo mayor don sus probabilidades de éxito.

Un empresario de exito no se rinde antes las adversidades, las enfrenta y las conquista por lo que podemos deducir que las adversidades son el camino al éxito.

Un empresario sabe y no aspira tener un rendimiento instantáneo de sus inversiones sabe que estas finalmente le darán un rendimiento.

Usando este sencillo cuadro de ingresos y egresos que encontraras en la página siguiente podrás descubrir anotando hasta el más mínimo gasto, donde está tu problema de falta de dinero para ahorrar, te darás cuenta que por lo menos entre un 15 y un 20% son gastos innecesarios, son gastos que podrías eliminar y destinar muy fácilmente al ahorro para empezar a construir tu libertad financiera, al mismo tiempo que podrás saber dónde va a parar tu dinero y tener un mejor control sobre él.

Tienes que anotar hasta el más mínimo centavo que ganes y también registrar su salida, tienes que saber a ciencia cierta a dónde va a parar tu dinero, tienes que tener total control sobre el, esto es parte la tarea de como independizarse económicamente, esto además te permitirá tomar mejores y más efectivas decisiones.

La mayor parte de los gastos son creados por la propaganda, bien sea en la tv, cine, radio, prensa escrita, el internet, etc. son necesidades creadas por ese bombardeo excesivo de propagandas, que nos hacen pensar que necesitamos esto o aquello, pero si miras detenidamente, con cabeza fría, sin prejuicios, veras que en realidad no necesitas nada de eso, así que comienza por anotar en este cuadro de ingresos y egresos que además podrás descargarlo GRATIS cuantas veces quieras en mi página web https://comosermillonariodesdecero.com/y llevar un mejor control en tu ordenador, o imprimirlo cuantas veces quieras si lo prefieres.

REGISTRO DE INGRESOS Y EGRESOS				
FECHA				
Descripción	**DÍA**	**INGRESOS**	**EGRESOS**	**SALDO**
habita				
TOTAL				

Descarga en: https://comosermillonariodesdecero.com/

Creciendo S.A.			
Balance General al 30 de Septiembre			
Activo Circulante		**Pasivo Circulante**	
Caja	20,000	Proveedores	125,000
Bancos	240,000	Documentos por pagar	45,000
Clientes	245,000	Acreedores diversos	10,000
Almacenes	275,000	Impuestos por pagar	20,000
Deudores Diversos	10,000	Total	200,000
Total	790,000		
		Pasivo Fijo	
Activo Fijo		Acreedores Hipotecarios	60,000
Edificios(Local Comercial)	150,000	Total	60,000
Equipo de Transporte	60,000		
Total	210,000	**Capital Contable**	
		Capital Social	350,000
		Utilidades retenidas	390,000
		Total	740,000
Total de Activo	**1,000,000**	**Total de Pasivo y Capital**	**1,000,000**

Modelo 2
COMPAÑÍA J.C. LTDA.
ESTADO DE RESULTADOS
ENERO 1° - DICIEMBRE 31 DE 199x

Ingresos

Ingresos operacionales		10.000
Ingresos no operacionales		
Financieros	500	
Arrendamientos	300	
Utilidad en venta de activos	200	
Corrección monetaria	600	
Otros	100	1.700
Total de ingresos		11.700
Costos y gastos:		
Costo de ventas		5.500
Gastos de operación		
Gastos de administración	2.000	
Gastos de ventas	1.400	3.400
Gastos no operacionales		
Financieros	300	
Arrendamientos	400	
Otros	200	900
Utilidad antes de impuestos		1.900
Impuesto de renta		660
Utilidad del ejercicio		1.240

CONVIERTETE EN EL GERENTE FINANCIERO DE TUS INGRESOS

Debes conocer con certeza la cantidad de dinero que entra en tu cuenta bancaria y/o billetera para poder tener un mejor control de tus gastos, esto te permitirá tomar mejores decisiones con respecto a un gasto frente a otro, es decir cuál es más indispensable y cuál no, tienes que hacer un orden jerárquico de los gastos para poder tener un control más efectivo, no te permitas por ningún motivo caer en gastos superfluos o cosas que realmente no vayas a necesitar, mucho menos hagas compras a crédito que luego no vayas a poder pagar, las compras a crédito te brindan la falsa seguridad de pago ya que te dan facilidades del mismo, y caerás en una especie de espejismo temporal que te brinda cierta comodidad por la distancia del pago de las cuotas, pero que cuando llega la fecha de pago se convierten en una verdadera carga, y nos veremos en la necesidad de trasladar otras obligaciones básicas para poder pagar el crédito.

Tampoco mantengas mucho dinero líquido en tus cuentas bancarias, recuerda que el dinero en los bancos no produce muy buenos rendimientos, busca en que invertirlo adecuadamente, puedes invertirlo en tu negocio, o dependiendo del país donde vivas, invertirlo en lo que llaman un portafolio de inversiones, en internet tienes muchísima información a la que podrás acceder para capacitarte al respecto, también la bolsa de valores, nunca, pero nunca inviertas en lo que no sabes, en lo que no conozcas su funcionamiento, sino sabes pregunta, capacítate, busca a alguien que este obteniendo resultados, y aprende de él, si tienes que pagarle por entrenarte hazlo, eso no es un gasto es una inversión, todo lo que puedas invertir en conocimiento para ti hazlo, invierte en libros, audio libros, videos, seminarios, conferencias etc. Que te hagan una persona más capaz cada día en el mundo de las inversiones, esto llenara más tus bolsillos cada día, por lo que no estas tirando el dinero, lo estas invirtiendo en una maquinaria de producir dinero que eres tú, una vez le preguntaron a Donald Trump: qué harías si perdieras todo tu dinero? a lo que el contesto: lo volvería a producir porque ya sé cómo hacerlo, he aprendido a manejar correctamente el dinero.

Al igual que Donald Trump, tú tienes que capacitarte hasta que aprendas a producir de forma efectiva dinero, hasta que conozcas todos los secretos que conocen los millonarios para ser más ricos cada día.

Una encuesta realizada en los Estados Unidos hace algún tiempo revelo que el 5% de toda la población mundial tiene en su poder el 95% de todo el dinero que existe en la actualidad, (en propiedades e inversiones) y que el otro 95% de la población mundial solo tiene el 5% del dinero restante, los expertos financieros dicen que si se pudiera dar el 95% del dinero que existe en el mundo a ese 95% de la población que tiene poco dinero, en un máximo de 5 años todo ese dinero regresaría a esas personas que conforman el 5% de la población mundial que actualmente tienen en su poder la gran mayoría de las riquezas.

Ahora te preguntaras porque esto es así, como es posible? La respuesta es muy sencilla, está en la preparación y conocimiento que tiene esa minoría del 5%, conocimiento y preparación que no tiene la gran mayoría del 95% de la población mundial, el dinero al igual que un vehículo cualquiera necesita de conocimiento adecuado para manejarlo con éxito, conocimiento que carece ese 95% de la población mundial, igualmente un abogado, un ingeniero, arquitecto, médico o cualquier otro profesional, si tú le quitas todo lo que tiene y lo dejas en la ruina, en un máximo de 5 años volverá a tener lo que tenía, porque el secreto está en lo que hace, y lo que hace tiene que ver con lo que sabe y para saberlo tuvo que prepararse, entrenarse capacitarse.

Por eso es imperativo que tú te pases del lado de ese 5% que sabe manejar su dinero, para que cada día produzca más, primero con conocimiento, aprendizaje y luego estadísticamente hablando, porque lo primero te llevara a lo segundo.

Tienes que ser un verdadero y efectivo gerente o conductor financiero de tu economía, no permitas por nada del mundo salirte del plan de ahorros e inversiones que te has trazado, esto te garantizara el éxito que tanto anhelas, te permitirá alcanzar las metas que te has propuesto, tienes que tomar verdadera consciencia de ello para poder cumplirlas y hacerlas cumplir, sobre todo porque los miembros de tu familia serán los primeros que trataran de hacerte salir de tu propósito, por lo que te aconsejo que hables con ellos, comunícales efectivamente tus planes, y pídeles la mayor comprensión y colaboración, diles que este plan que estas llevando a cabo es en beneficio común de todos sin excepción, diles que este plan que tu estas llevando a cabo les permitirá disfrutar de una vida más cómoda después que termines, diles que el sacrificio bien vale la pena, que colaboren remando todos en la misma dirección, en el mismo sentido, para que sea más fácil alcanzar las metas comunes propuestas por ti como cabeza de familia.

Sin la colaboración efectiva de los miembros de tu familia será poco menos que difícil alcanzar las metas trazadas por ti, pero no imposible, eso no deber por ningún motivo ser una razón de desánimo para ti y mucho menos una razón para no empezar o dejar de hacerlo si ya empezastes.

Tienes que auto motivarte constantemente, infundirte

ánimo, aliento, pensando constantemente como será cuando hayas alcanzado las metas trazadas, donde vivirás, que auto conducirás donde iras de vacaciones, que ropas compraras para ti y para tu familia, puedes infundirles animo a los tuyos hablándoles de tus planes para ti y para ellos.

Si tienes que hacer un curso de persuasión para poder convencer a tu familia que además están en el deber y la obligación de ayudarte a conseguir las metas comunes hazlo, no te detengas antes los obstáculos, antes las dificultades, estos van a aparecer siempre, nunca llegaras a un punto en tu vida donde no encontraras obstáculos, no, eso nunca ocurrirá, por eso es que tú debes convertirte siempre en un vencedor de obstáculos, recuerda que cada obstáculo que consigas en el camino es un trampolín que te lanzara más lejos en la consecución de tus metas, mira por ejemplo los grandes bateadores de las grandes ligas, no llegaron allí porque le pusieron bombita las pelotas para producir los batazos que los llevaron a donde se encuentra actualmente, cada pícher que enfrento en su carrera represento un obstáculo que tuvo que vencer para llegar donde está actualmente, si esos píchers no hubieran estado allí para retarlos y hacerlos fallar, ellos no hubieran hecho los ajustes, no hubieran hecho lo necesario para tener éxito y no hubieran logrado lo que lograron, no, todo lo contrario, cada obstáculo que nos consigamos en el camino nos hace más fuerte cada día y nos prepara para vencer obstáculos más grandes aun, la clave está en enfrentarlos cada vez mejor preparados, mejor capacitados y vencerlos, hacer los ajustes necesarios, aprender nuevas cosas, desarrollar las nuevas habilidades que hagan falta para tener éxito, capacitarnos más y mejor cada día, no darnos por vencidos en ningún momento, todo lo contrario, tomar nuevo aliento, nuevas fuerzas con cada reto que se presente en el camino y no parar hasta vencerlo.

En esta vida nada es imposible, solo aquello que no intentamos, el ser humano tiene el potencial de superar cualquier obstáculo que se cruce en su camino, deja salir ese campeón que vive en tu interior, y vencerá cualquier obstáculo que se le presente, él está allí, pero depende de ti desarrollarlo, capacitarlo, depende de ti y de nadie más, los limites los pones tú mismo, mira la historia, como hombres que se lo han propuesto han alcanzado y en muchos casos superado sus metas, lee la historia de hombres como Henry Ford, Walt Disney, Steve Jobs entre otros fueron hombres sencillos que lograron grandes cosas y todo porque desarrollaron ese potencial que cada ser humano trae consigo al momento de su nacimiento, déjame decirte algo: cualquier éxito financiero que un ser humano alcance, tú también puedes hacerlo, la diferencia entre tú y un hombre que triunfa financieramente es lo que él sabe que tú no sabes , radica en el conocimiento que él tiene y que tu no tienes, pero eso no quiere decir que no puedas tenerlo, es decisión tuya, al igual que un médico, abogado, arquitecto o cualquier otro profesional, la diferencia entre tú y ellos, es lo que ellos saben que tú no sabes, lo que ellos saben es lo que hace que sean lo que son, así que depende de ti saberlo, la buena noticia es que tienes el potencial de lograr cualquier cosa que te propongas conseguir, así que adelante inténtalo, comienza de una vez por todas no te quedes atrás, comienza aunque sea de a poco pero no te detengas, al cabo de un tiempo abras avanzado bastante, al cabo de un tiempo abras desarrollado el habito y ya nada ni nadie podrá detenerte.

UN PARENTESIS EN MI EMPRESA

Hoy día año 2019 me encuentro viviendo en Chile específicamente en la Capital (Santiago de Chile). Salí de Venezuela el año pasado, como inmigrante, siendo uno más de millones de venezolanos, que nos vimos en la penosa necesidad de salir de nuestro país debido al estrangulamiento intencional de la economía del mismo.

Fue imposible seguir operando en un país que ve como enemigo al empresariado, fue a raíz de la muerte del anterior presidente revolucionario hugo rafael chavez frías que la economía sufrió un colapso total, aunque ya venía mostrando signos evidentes de estancamiento, estoy seguro que con toda la intensión de lograr que todos los empresarios salieran de Venezuela para ellos poder dominar a su antojo a las clases más desprovistas, que son la gran mayoría en Venezuela, esto le permitiría a este grupo de delincuentes eternizarse en el poder como sucedió con fidel castro en Cuba, ya que este antes de su muerte era el mentor del fallecido presidente de Venezuela.

Aquí en Chile me dedico a capacitarme día a día en las finanzas porque espero regresar muy pronto a mi país, y terminar mejor dicho seguir con mis sueños que ahora son muchos más grandes, porque hoy gozo de un conocimiento económico que nunca pensé tener, estoy seguro que con este conocimiento puedo llevar mi empresa a nivel de exportación, como alguna vez pensé en hacerlo.

Siento que el propósito de Dios en mi vida para poder cumplir mis sueños, los sueños de mi corazón, ya que Dios los conoce aún mejor que yo mismo, es haberme sacado de Venezuela.

Es como si Dios hubiera dicho algo como esto: Esta bien hijo mío, yo conozco mejor que tu tus sueños tus anhelos, se lo fervientes que son y cuanto lo deseas, pero para poder cumplirlos tengo que capacitarte, tengo que prepararte, y para prepararte necesito sacarte de Venezuela, aquí en Venezuela con todo las ocupaciones inherentes al funcionamiento de tu empresa es imposible que logres la capacitación necesaria, y ahora mucho menos con esta estrangulación que ha sufrido esta economía que demanda más tiempo y esfuerzo de tu parte para poder seguir manteniendo la empresa a flote.

Así que ve y alquila la empresa yo te voy a enviar la persona adecuada para tal fin, yo sostendré a esta persona económicamente para que pueda pagarte mes tras mes el alquiler de tu fábrica aun a pesar del desastre de la economía.

Vete a Chile y capacítate profundamente en el manejo del dinero y las finanzas, para que puedas cumplir tus sueños, compra libros, escucha audio libros elige mentores por internet y si puedes conocerlos personalmente hazlo, aprende de ellos, aprende los secretos de los hombres que han logrado tener grandes fortunas, aprende a pensar como ellos, aprende a hacer lo que ellos hacen, no te detengas por nada, no permitas que el desánimo, la pereza, la desesperanza hagan nido en tu corazón, mira siempre hacia delante, con fe ya que yo me agrado mucho de todo aquel hombre que la tiene y yo premio por tenerla.

Cuando tengas éxito y hallas logrado tus metas no te olvides de aquel que no sueña como tú, motívalos enséñalos, y que a su vez ellos enseñen a otros, no le regales los peces enséñalos a pescar para que puedan comer todos los días, dales de la sabiduría y el conocimiento que yo te di, da gratis lo que gratis has recibido, enséñales que yo les di un corazón para soñar y una mente para capacitar, para que puedan lograr todos sus sueños, enséñales que yo doy el poder para hacer las riquezas y que estas se construyen desde el interior de cada quien, que no es magia, que no es un milagro, es un proceso, pero que yo estoy con ellos durante ese proceso, al igual que hoy estoy contigo guiándote.

Y tampoco te olvides de aquel que padece necesidad, ayuda aquel que realmente lo necesita, aquel que no puede trabajar, al enfermo, al anciano, a la viuda, al huérfano y desamparado.

DISPOSICIONES FINALES

Finalmente al cabo de unos cinco años más o menos logre mi libertad financiera, pero te cuento que cometí muchos errores que sin duda me llevaron a adquirir la experiencia necesaria para triunfar, pero también me retrasaron bastante, me tarde mucho más de lo que seguramente te tardaras tú, si sigues al pie de la letra todo lo que aquí te enseño, te aseguro que tú lo lograrás en mucho menos tiempo, si le pones empeño en capacitarte adecuadamente.

Tú no tienes por qué cometer todos los errores que yo cometí, es más la capacitación a la que vas a estar sometido constantemente te abrirá nuevas oportunidades, nuevos caminos que yo por mi desconocimiento no implemente, porque seguro estoy que lo que yo hice no es el único camino a la libertad financiera.

Hay múltiples caminos a la misma sólo que los ignoramos, precisamente por la falta de capacitación, tu capacitación te permitirá descubrir muchos de esos caminos, recuerda que la Biblia dice que Dios nos dio el poder para hacer las riquezas, y este poder reside en el conocimiento que seamos capaces de acumular dentro de nosotros, que además está disponible al alcance de tu mano en el internet.

El poder para crear las riquezas son las ideas que vallas creando o naciendo en tu interior producto de la capacitación, el entrenamiento financiero al que te sometas, allí está la clave del éxito.

El éxito no es un misterio, no es un mito ni producto de la casualidad, es la consecuencia directa de lo que hacemos, te pongo esto como ejemplo: ahorita mismo eres capaz de pilotar un avión? Por supuesto que no verdad, a menos que seas piloto de avión?, pero si tomas los cursos y entrenamientos necesarios, tarde o temprano aprenderás a hacerlo y te atreverás a volar un avión, así mismo ocurre con una empresa, una empresa es el avión, y tú eres el piloto, para poder llevarla al nivel que deseas tienes que tomar los cursos y entrenamientos necesarios para aprender hacerlo.

El conocimiento y entrenamiento al que te someterás constantemente te permitirán saber que tan alto y tan lejos puedes llegar, así que si te atreves a empezar, te deseo el más grande de los éxitos, este está dentro de ti solo tienes que dejarlo salir, si no lo haces morirá dentro de ti sin nacer, no permitas que tu mente se convierta en un cementerio de ideas, permite que se convierta en una maternidad de las misma, donde estas nacen para brindarte la vida que deseas vivir, la vida que te mereces, tú y tus seres queridos, esto depende única y exclusivamente de ti, adelante te deseo el mejor y más grande de los éxitos, y que Dios el creador de todo el universo te guarde y te bendiga aún más de lo que ya lo ha hecho.